Michel Cardoze

Ma cuisine dans la cheminée

Un théâtre du désir

éditions lpm

Dans la même collection, dirigée par Caroline Darbonne

Un délice nommé Foie gras, de Michel Delauney, 1999
Le Guide des saveurs de l'année 2000, de Michèle et Willy Mansion, 2000
Le Festin des marques, d'Annie Poussielgues et Caroline Darbonne
Le Piano d'herbes, de Caroline Darbonne, 2000
Les Trésors du blé, d'Alain Bonjean et Renaud Leblond, 2000

Illustration de couverture : Lalu Création.

41, rue Greneta – 75002 Paris

À Georges Isaac

Sommaire

Préface

« Vivre », comme le disait Paul Eluard « au seul bruit des flammes crépitantes, au seul parfum de leur chaleur », n'était le plus souvent, il y a encore une vingtaine d'années, qu'un joli souvenir d'enfance, un rêve empreint de poésie.

Mais on a redécouvert depuis la cheminée et tout l'art de vivre qui l'accompagne, fait de simplicité retrouvée, de plaisirs authentiques et de convivialité.

Un peu à l'image de notre ami Michel Cardoze, homme de talent dont la faconde et le savoir-faire n'ont pas d'égal autour d'un feu de bois. Capable de construire bûche après bûche la meilleure des flambées, il vous fera découvrir maintes recettes que vous dégusterez avec gourmandise, non sans avoir pris un réel plaisir à les faire mijoter. Car posséder une cheminée, c'est aussi savoir prendre son temps. Aimer écouter (ou raconter) des histoires à la veillée, se laisser envoûter par le spectacle d'un feu crépitant ou au contraire se sentir apaisé par un lit de braises rougeoyantes. C'est cette fascination qui m'avait d'ailleurs poussé à créer, à la fin des années 70, ma première revue *Cheminée Magazine*, à une époque où personne n'aurait osé parier sur la pérennité d'un tel sujet !

Un sujet qui rassemble pourtant toutes les couches de la population au point qu'un président de la République, amateur de cheminées, a même intitulé ses rencontres avec les Français « Causeries au coin du feu ».

Ce véritable art de vivre qui réunit toutes les générations, vous le découvrirez au fil des pages de *Ma cuisine dans la cheminée,* où il sera question aussi bien de recettes que de détails historiques ou techniques, sans lesquels on ne peut prétendre devenir un kaminophile[1] digne de ce nom.

Vous pourrez ainsi, comme Bachelard, tisonner en philosophant, tout en régalant famille et amis réunis au centre de la maisonnée enfin redevenue… le foyer !

Alain de Tilière

Fondateur du groupe de presse Décoration française
Expert en kaminologie près l'Union française des experts
Président du Journal du Parlement

1. Du grec *kaminos,* « âtre », et *philo,* « aimer ».

Introduction

Pendons la crémaillère ! Nous avons tous été invités un soir, un dimanche, un week-end, à une « pendaison de crémaillère ». Et pourtant, la plupart des crémaillères pendues ces vingt ou trente dernières années l'ont été sans cheminée, sans feu et surtout sans crémaillère ! Faut-il donc que le symbole de cet instrument-là soit fort, puissant, durable, pour qu'au changement de millénaire, la moindre installation dans un deux-pièces-cuisine urbain soit l'occasion de « pendre la crémaillère » !

Nucléaire, effet de serre, hommes sur la Lune ou Internet, peu importe : la crémaillère pendue et rependue raconte la place immense que tient la cheminée dans nos mémoires. Baptiser une maison ou fêter un emménagement récent dans un appartement, c'est un rituel qui s'effectue autour de la cheminée (quand il y en a une), autour de la piscine en été, partout autour d'une table. Et s'il y a un barbecue, c'est bien parce qu'on est toujours dans l'univers de la cheminée et de la cuisson au feu.

Donc, il était une fois « pendre la crémaillère ». Lorsqu'une cheminée venait d'être construite, et avant même la première flambée, on y pendait la crémaillère. Quelqu'un entrait sous le manteau de la cheminée, sans doute le fumiste, le « maître-âtrier » d'alors. Il pendait ce long appareillage d'acier et de fer, une chaîne et des anneaux pris les uns dans les autres. Grâce au système étagé de crochets, on pouvait disposer une marmite à anse au-dessus du feu, plus ou moins haut par rapport à la flamme.

La pendaison de crémaillère fut donc pendant des siècles un moment symbolique fort, puisque c'est à partir de cet événement festif que la vie commençait dans le foyer. Le rite social est demeuré, même si les marmites ne sont plus suspendues au-dessus de la flamme d'un foyer ronflant, sauf au cinéma, lorsque de cape et d'épée le film est devenu de broche et de tablier !

Mais dans la vraie vie, si la crémaillère redécouverte au hangar avec les vieux outils guide les fleurs grimpantes sous la pergola, la cheminée et le feu de bois ont retrouvé leurs vertus culinaires joyeuses.

La grande aventure du feu

Je suis né à Bordeaux, adossé à la forêt des Landes, cet immense triangle forestier. Les plages de l'Océan sont le grand côté et la pointe s'enfonce quelque part dans les terres, vers Nérac en Gascogne, ancienne capitale galante et courtoise d'Henri de Navarre, Lou Nouste Henric, notre Henri IV, celui de la poule au pot, des pots qui mijotaient assurément au feu lent des cheminées paysannes.

J'avais sept ans en 1949, lorsqu'un été torride embrasa la forêt des Landes. Cet incendie terrible demeure un souvenir bouleversant, dramatique. Un soir, mon père rentra à la maison, annonçant que des garçons qu'il connaissait avaient péri, asphyxiés, brûlés, à Saucats. Le grand incendie des Landes en 1949 a noirci le ciel de Bordeaux et je me souviens avec exactitude du trottoir de la rue de La Béchade, dans le quartier de Lescure, célèbre pour son stade (on disait le « Parc des Sports ») où j'ai vu tomber des braises, des brandons de dix centimètres de long et de deux ou trois centimètres de diamètre. La cendre se répandait sur les maisons et sur les arbres, le ciel était noir au sud. La peur était partout.

J'ai baigné à Bordeaux dans une tradition du bois au travail et en travail. Autour de moi, partout du bois merrain, planches débitées dans une bille de chêne et destinées à devenir les douelles des « bordelaises » de 225 litres dans lesquelles vieillit le vin. Aux côtés des grandes planches de chêne se dressaient celles de châtaignier, de noyer, de hêtre, les longueurs de merisier ou enfin de bois exotiques (quittant Bordeaux vers Paris, le train longe encore le « Hangar des Bois tropicaux »). Mon grand-père Georges Isaac était ébéniste et une partie de sa famille était liée au meuble, à son dessin, à sa création, à sa fabrication et à sa vente. Chaque jeudi, je respirais dans l'atelier de ce grand-père l'odeur de la sciure et celle de la colle à bois qui mijotait dans une cheminée. J'ai donc compagnonné dans le bois et pas seulement au sens forestier du terme.

La guerre et l'Occupation ont conduit mes parents au cœur du massif forestier, à Rion-des-Landes, le long de cette voie ferrée rectiligne dont mon père était un « facteur intérimaire » (une sorte de chef de gare itinérant) : mon enfance sent la résine, le pin et la mule de débardage.

Les années scoutes

Enfin, le scoutisme ! Ça, ce fut la grande aventure du feu domestiqué : la flamme sous les gamelles et le feu de camp à la nuit tombée pour des fêtes et des jeux, des veillées, des histoires racontées, chantées, jouées, rêvées...

À cette époque des années 50, les louveteaux et les éclaireurs (j'étais membre des Eclaireurs de France) sortaient chaque dimanche dans la campagne en culotte courte avec un couteau, une ficelle, un sac à dos et

Page d'ouverture et ci-contre : feu de brousse au Zaïre.

des sandwiches. Parfois nous allumions un feu en hiver pour cuire une soupe ou griller des châtaignes.

Mais la grande heure de la cuisine au feu de bois arrivait lors de nos camps d'été. Nous campions trois semaines de juillet, en Bretagne, dans le Massif central, sur les bords de l'Adour, de la Dordogne gardée par ses châteaux forts, en Corrèze, dans les Landes ou sur les bords du Drop, un affluent de la Garonne, ou en Cerdagne, en Savoie, j'en oublie sûrement. Du petit-déjeuner au souper, la cuisine se faisait alors exclusivement au feu de bois.

J'ai donc appris à cuisiner à la flamme ou sur les braises dès l'âge de 7 ou 8 ans. Au commencement, il y a peut-être le geste qui consiste à ramasser le bois mort, à le ranger

en tas (c'est le « bûcher »), à l'installer à l'abri, en sachant que, même s'il pleut sur un tas de bois, il y aura toujours des bûches et des branches, ou des brindilles bien sèches : il suffira de les tirer du tas de bois. Au commencement est aussi l'apprentissage de la coupe, de l'ouverture d'une bûche à la hache, ou à l'aide d'un coin pour mieux fendre le bois. Au commencement est encore l'instant presque magique où l'allumette enflamme une page de journal roulée en torche, ou une poignée de brindilles sèches, un faisceau de copeaux qu'on appelle « allume-feu » : le bois moyen va alors s'enflammer et l'on dira : « Le feu a pris... »

Le temps est venu d'organiser le foyer : gros bois que l'on entasse au-dessus des flammes, en veillant à croiser les branches et le bois coupé. L'air doit circuler entre les tronçons et les bûches, puisque c'est l'oxygène de l'air qui facilite et permet la combustion. Sans circulation d'air, pas de flammes, d'où l'usage du soufflet, qui suractive la circulation de l'air, ou d'un bon vieux calendrier des postes suffisamment rigide pour servir d'éventail et transformer le feu naissant, parfois modeste, en forge vulcanienne !

Les bons petits scouts que nous étions avaient disposé le feu entre deux pierres, les plus malins ne se déplaçant qu'avec leurs « barres à feu » qui assuraient, au-dessus du foyer et appuyées sur les pierres, une stabilité à toute épreuve aux gamelles et autres marmites ou poêlées destinées à cuire légumes, pâtes ou viandes... Mais les pierres du foyer, lorsqu'elles sont choisies larges, peuvent aussi accueillir le bois humide et le sécher avant qu'il ne soit jeté dans les flammes. Mouillé, voire trempé, le bois, un jour de pluie, même battante, peut fort bien alimenter un foyer. On peut donc cuisiner au feu de bois sous la pluie. C'est une performance que peu d'entre nous ont envie d'accomplir aujourd'hui, sauf dans des conditions extrêmes. Il faut trouver du bois sec, afin de produire les premières braises, les brandons du commencement. Ensuite, on dispose le bois du plus petit au plus grand devant le feu ou sur les pierres, de manière à ce qu'il sèche, et on l'utilise ainsi au fur et à mesure pour alimenter le foyer. C'est une technique dont on peut encore se souvenir devant sa cheminée contemporaine lorsque la provision de bois sec a été épuisée, que l'on a oublié de la renouveler et que l'hiver ou le printemps pluvieux augmente l'humidité ambiante !

J'ai appris tout cela lorsque j'avais huit ans. Je garde des souvenirs à la fois « cuisants » et chaleureux de cette période. Au début des années 60, les réchauds au gaz en petites bonbonnes ont tout d'un coup rendu les pluies et le vent presque supportables !

Mais avant ces bouteilles de butane ou de propane, que de cuissons aléatoires et de mets carbonisés ! Des expériences dont on peut faire, assurément, l'économie si l'on veut apprendre aujourd'hui la cuisine dans

La combustion

La combustion se déroule en 3 phases, elle comprend :

- la pyrolyse, c'est-à-dire la phase de décomposition chimique : c'est le moment où les molécules se cassent pour devenir simples sous l'effet de la forte chaleur.

- la distillation

- la gazéification : de plus en plus de gaz s'échappent, qui se mettent à leur tour à brûler au contact de l'oxygène.

La combustion ralentit au bout d'un certain temps à cause de la couche de charbon qui se forme en surface.

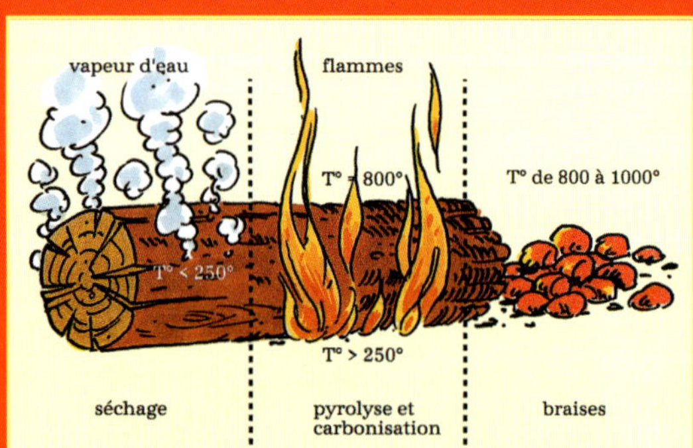

Je me souviens d'un maquereau de Bretagne mangé cru...

la cheminée, mais qui laissent un joli goût aux souvenirs !

Je me souviens d'un maquereau de Bretagne mangé cru parce que nous n'avions pas réussi à le cuire, malgré toutes les théories sur le séchage du bois au fur et à mesure et l'art de flamber un fagot sous la pluie battante ! Ce ne fut pas un repas très enthousiasmant. D'autres souvenirs de ma cuisine au feu de bois sont heureusement plus exaltants : les côtes de mouton grillées dans les Pyrénées orientales, moutons que l'on achetait en Espagne dans une ferme proche de Puigcerdá en passant la montagne ensoleillée de la Cerdagne, salués par les tricornes noirs et les capes vertes des gardes civils espagnols, grillant entre leurs lèvres mal rasées des cigarettes de tabac grossier et fort.

Nous cuisions ces moutons aux odeurs et aux goûts plus agressifs que nos agneaux proprets d'aujourd'hui, inventant ou réinventant les broches du méchoui, au foyer de braises enterrées... En chacun de nous s'était réveillé un homme des bois qui se léchait les doigts après se les être brûlés !

À dix-huit ans, j'ai campé dans la forêt de Tronçay, un camp de randonnée, avec bivouac de rigueur... La forêt de Tronçay est cette fameuse forêt de l'Allier plantée par Colbert, ministre de Louis XIV, afin d'assurer la fourniture des mâts à la marine à voile. C'est grâce à Colbert et à la Royale que la France dispose encore d'une forêt extrêmement fournie et dense en arbres feuillus droits, chênes et hêtres essentiellement. Après un affût très matinal pour tenter d'apercevoir les cerfs, nous avons cuit un poulet dans l'argile, sur un feu de bois. Cela nous a pris du

Poulet à la broche
dans la forêt
de Troncay (Allier)
en 1960.

temps et nous soufflions dans nos mains, les matinées du temps de Pâques exigeant une certaine endurance !

Ci-contre :
cheminée du château
de Tancarville
où passèrent
Agnès Sorel
et Charles VII,
entre autres.

Nous avons aussi joué à *La Guerre du feu*. On connaît aujourd'hui le film de Jean-Jacques Annaud. Il est né d'un roman un peu oublié, du même titre, paru à la fin du XIXe siècle. Qui se souvient de son auteur, Rosny Aîné ? Il était l'ami des frères Goncourt, mais cela ne le prédisposait pas pour autant à inventer cette histoire formidable : le vol du feu au temps des hommes préhistoriques, entre cavernes et bêtes fauves, nuit noire et broussaille, frayeur et plaisir. C'est exactement ce mélange de frayeur et de plaisir que j'ai ressenti, lorsque, enfant, j'ai lu ce roman d'aventure et lorsque, en été, vint le soir du « jeu de nuit » sur ce thème.

Nous étions rassemblés autour d'un feu de camp, et des « grands », qui nous semblaient bien mystérieux dans la pénombre, venaient nous voler le feu, emportant de manière spectaculaire des brasiers ou des brandons. Nous avons joué plus vrai que nature, mais l'enjeu de nos ancêtres de Cro-Magnon était bien plus crucial – la vie ou la mort, le cru ou le cuit, le froid ou le chaud,

Comment naît le feu ?

Allumettes, briquet, tout cela est simple, mais « autrefois », « avant », comment les hommes de la Préhistoire maîtrisaient-ils la naissance de la première étincelle ? Mon père – évidemment, il fallait que ce soit le père – avait un « numéro » très au point. Je l'ai vu, l'été 1953, un été de grève générale pendant lequel des vacanciers s'ennuyaient dans leur pension de famille sur les bords de la Dordogne, allumer un feu sans allumettes, sans doute à la suite d'un défi goguenard lancé par l'aubergiste, le pharmacien ou le tubiste du Grand Théâtre : à l'aide d'une cordelette enroulée sur un axe, on tourne à grande vitesse cet axe, un morceau de bois tenu verticalement dont la pointe frotte dans un petit trou creusé dans un autre bois où se forme de la poussière de bois sèche. C'est un peu comme la cordelette qui lancerait un moteur de bateau ou de tondeuse à gazon... afin de donner à cet axe une vitesse de toupie. La chaleur dégagée par le frottement est telle qu'à un moment la flamme jaillit : on peut alors allumer un feu si on met en contact avec ce point minuscule qui rougeoie et d'où une fumée légère s'échappe, des brindilles très sèches ou des copeaux de bois.

La naissance du feu possède ainsi un aspect magique. C'est un peu de l'alchimie, la transmutation légendaire du plomb vil en or pur grâce à la flamme des cornues et des laboratoires mystérieux... Celui qui fait naître le feu possède un pouvoir supérieur...

la peur ou le courage – puisque l'on conservait difficilement le feu allumé à l'époque. C'est du moins l'hypothèse dramatique du roman, confirmée par d'autres récits, parfois romanesques, des trappeurs de l'Alaska, réduits à l'impuissance face aux loups si le vent, la neige ou un accident détruisaient la flamme, les allumettes, le briquet... Tout cela flottait dans nos têtes d'enfants et d'adolescents à la veillée lorsque les « grands » volaient le feu de camp et que la poursuite commençait alors dans les bois et sur la colline, à la recherche de ces adversaires cependant familiers, dans une course tâtonnante qui nous faisait le sommeil lourd ensuite...

Il faut qu'une cheminée soit ouverte ou fermée

Une cheminée, un feu de bois, c'est aussi l'endroit où l'on se rassemble. Le souvenir est vif de la veillée et du feu de camp, du

Dans toutes les religion

Comme le dis

spectacle que l'on produit à la lumière des grands brasiers, du rituel de l'appel, des patrouilles de garçons et filles qui sortent de l'obscurité et qui se rangent autour des foyers, des chants que l'on murmure ou que l'on braille pour se donner du cœur au ventre parce qu'autour le monde est obscur, sombre et impénétrable, avec ses bruits et ses odeurs, ses sifflements et ses étrangetés. On se donne un spectacle, on se donne en spectacle à soi-même.

C'est le rite que les familles, parentèles étendues et voisinages accomplissent depuis la nuit des temps, depuis qu'il y a des cheminées dans les maisons et du feu pour figurer un bonheur, une force, et que l'on se réunit autour.

J'ai assisté à l'extinction des feux. J'ai connu mes parents et le monde autour d'eux avec une cuisinière. Entre la cuisine dans l'âtre, façon Antiquité ou Moyen Âge, et le gaz ou l'électricité, il y eut des poêles, des réchauds, des cuisinières ; tous plus ou moins sophistiqués ou perfectionnés – certains comportant une bouilloire qui tenait de l'eau chaude en permanence et un petit robinet en cuivre pour la tirer. Mes grands-parents, des ruraux venus à la ville, utilisaient une cuisinière à bois puis à charbon. Les poêles à bois jouaient un grand rôle dans les cages d'escalier, les vastes couloirs, ou les grandes pièces glacées. Puis le gaz de ville est arrivé et l'on a cessé progressivement de cuisiner au feu de bois dans les appartements urbains, puis à la campagne, au cours des années 50 et 60. En vingt ans, les feux de bois et de charbon se sont éteints.

Cependant on a gardé la cheminée, même fermée : j'ai ainsi acheté une maison dans le Gers en 1989, où la propriétaire précédente, paysanne qui avait vécu entre ces murs depuis les années 30, élevait vaches et

… *feu* est symbole de **vie**,
mais aussi d'**enfer.**
…ictor Hugo : « *Dieu est né rôtisseur.* »

La cheminée, sans nul doute, est toujours un lieu de rencontre.

moutons, pigeons et volailles. Elle avait installé un chauffage central au mazout dans les années 70. La vieille Albanie (tel était le prénom de cette « moderne » qui enseignait le catéchisme et guérissait aussi l'eczéma) ferma un jour la cheminée. Elle ne supportait plus les courants d'air. Elle voulait être de son temps et n'avait sans doute plus envie de s'astreindre à la corvée du bois, à vider le foyer où les cendres s'accumulent et salissent tout. Albanie estima plus facile, un jour, de chauffer la soupe sur un « Butagaz » et de chauffer sa chambre, son couloir et sa cuisine avec des radiateurs en fonte emplis d'eau tiédie par une contemporaine chaudière.

Les poêles sont de véritables œuvres d'art qui contribuent efficacement au chauffage.

(Cheminée du palais de justice, à Bruges.)

De gauche à droite
et de haut en bas ;
• « Fourneau
alchimique », dessin
du XVIIe siècle.
• Cheminée
Renaissance
du château de Villeroy.
• « Le feu aux
poudres ».
• Cheminée du Palais
de Justice de Bruges.

La cheminée, compagne des artistes : Victor Hugo, par Nadar ; Hector Guimard dans son bureau ; la cheminée de Pierre Loti.

La cheminée est un formidable creuset où naissent des histoires : *Victor Hugo,* Hector Guimard et Pierre Loti l'ont bien compris.

Cette (r)évolution a marqué les campagnes françaises ; c'est en même temps qu'elles ont connu leur dernier exode, à la fin des années 50, et jusque dans les années 70. Hommes et femmes sont partis à la ville – postiers, cheminots, ouvriers ou employés –, en oubliant les mauvais souvenirs, dont la cheminée qui fumait et les chambres glaciales l'hiver…

Dans les maisons d'autrefois, on s'enrhumait beaucoup devant les cheminées, même enseveli sous les châles et les paletots, les « requimpettes », les houppelandes et les plaids. On était obligé de laisser une fenêtre entrebâillée ou la porte légèrement ouverte, même par les grands froids d'hiver, de manière à ce qu'un courant d'air active le foyer et que la cheminée puisse « tirer ». Résultat, ceux qui étaient devant la cheminée avaient froid dans le dos et chaud au ventre, ou l'inverse lorsqu'on s'adossait aux flammes.

On assiste depuis une quinzaine d'années à un retour de la cheminée. Chez les agriculteurs d'aujourd'hui, la cuisine est au gaz ou à l'électricité, les plaques à induction sont courantes. Le mode de vie urbain s'est mis au vert. Et on a gardé, réouvert, voire reconstruit la cheminée – oubliée, fermée, démolie lors des travaux de modernisation.

Ruraux et urbains, « rurbains » et néo-ruraux ont réactivé les cheminées afin de bénéficier des avantages du feu de bois, de sa chaleur et de ses saveurs.

Que cent cheminées tirent et que cent foyers s'épanouissent !

Aujourd'hui, sans qu'il soit nécessaire de se jouer « *Les Visiteurs,* retour au Moyen Âge, suite », nous sommes engagés dans la construction d'un mode de vie qui marque la renaissance du rassemblement familial autour de la cheminée. Les familles urbaines se groupent autour des flammes et des braises, pour quelques jours ou pour une saison à la campagne ou à la ville (car on peut

Que le foyer soit sauvage ou domestiqué, il nous raconte les légendes de la vie.

réactiver les cheminées dans les immeubles urbains aussi, si les âtres et les conduits de fumée sont en état, et ramonés !).

On pouvait imaginer que la télévision prendrait un jour la place du foyer, que *Les Feux de l'amour* consumeraient les bûches de nos cheminées d'antan, et que Navarro serait le pique-feu de nos soirées au coin du tube cathodique.

Mais la flamme revient pour donner un appoint à la chaleur – la chaleur humaine s'entend. La flamme nourrit la conversation, les histoires (« Dis-moi, oncle Paul », « Raconte-moi une histoire, grand-père »). On peut aussi imaginer que le consommateur acagnardé à l'angle de son téléviseur est en train de prendre une certaine distance vis-à-vis de la boîte à images qui a remplacé la cheminée, il y a quarante ou cinquante ans. Deux foyers peuvent coexister dans chaque maison : la télévision anime ses petites histoires et ses petits personnages, et la cheminée permet que chacun, seul ou en compagnie, se raconte à soi-même les légendes de la vie et du monde.

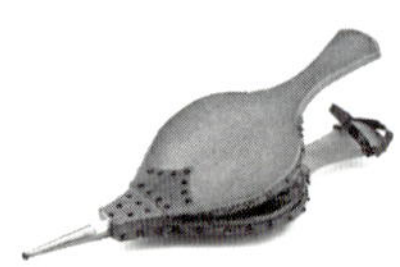

Il était une fois la cheminée

La cheminée est l'endroit où poussent les conteurs. On les cueille au coin du feu comme les bolets au coin des bois. Au cœur des grandes et vieilles civilisations rurales se trouvaient des raconteurs d'histoires, lesquelles commençaient toujours par « Il était une fois... ». Le feu, les flammes étaient et sont encore un formidable creuset où naissent les personnages et leurs aventures.

Le conteur se trouvait au coin de la cheminée, il avait besoin d'être là, chauffé, à cause de ses rhumatismes, peut-être parce qu'il avait marché contre le vent, mais pas seulement. Le conteur était face aux autres qui écossaient les petits pois ou pelaient les châtaignes, ou triaient ceci ou cela, ou somnolaient dans la tiédeur entêtante du foyer.

Aujourd'hui, les maisons sont chauffées, on se réunit à nouveau autour de la cheminée mais plutôt par confort que par nécessité. La cheminée reconquiert les maisons et les saisons parce qu'on accorde des vertus à la cuisine au feu de bois et qu'on retrouve le chemin du théâtre familial. Du théâtre, oui, car la cheminée est un cadre de scène : le rideau rouge est levé...

Par une étonnante imbrication de ces deux symboles forts du foyer familial, la télévision et le feu de la cheminée, il est passionnant de noter que lorsque les hommes politiques veulent communiquer à l'aide de la télévision, on trouve très souvent, presque toujours, une cheminée dans le champ de la caméra.

À l'origine de tout cela, il y a le général de Gaulle.

La première élection présidentielle au suffrage universel a lieu en 1965. Charles de Gaulle est « ballotté », comme dira *Le Canard*

Enchaîné. Il invente les « causeries au coin du feu » avec un journaliste devenu académicien ensuite, Michel Droit. C'était une « interview », mais façon *pater familias* ! De Gaulle était effectivement situé au coin du feu et Michel Droit installé un peu en avant de la cheminée. Le journaliste posait des questions au président sur un ton qui n'était pas celui des conférences de presse où trois cents grenadiers du stylographe faisaient face au Général surélevé par une estrade, et sans cheminée ! Au coin du feu, la « causerie » était familière, familiale, caressante, moins professorale.

Plus tard, l'expression de la « causerie au coin du feu » est souvent revenue avec des hommes très divers.

Au milieu des années 60, le général de Gaulle brocarda ceux qui rêvaient d'un retour « à la lampe à huile et à la marine à voile », mais il lança ses moqueries cruelles depuis le coin d'une cheminée, et alors que les campagnes se vidaient, que les cheminées s'éteignaient une à une et que les appartements collectifs se construisaient par centaines de milliers sans aucune cheminée ! Paradoxe de l'expression politique qui eut besoin d'une « valeur ajoutée », la chaleur de la cheminée dans le marbre élyséen.

Ci-dessus : Christian Poncelet, président du Sénat.
Ci-dessous : la cheminée de Georges Bush (Montbrouage de Richard Le Droff).

Depuis, il y a souvent un manteau de cheminée qui se promène en arrière-plan. Le cadre de la cheminée, avec livres, photographies et drapeaux, donne ainsi l'image rassurante d'un foyer de vie, de la chaleur et de la proximité.

De la même façon, on trouve des cheminées dans certains décors de télévision, pauvres ou inexistants. J'ai moi-même évolué dans des décors où figuraient de fausses cheminées. On y ajoute parfois une fausse flamme, très répandue dans les foyers anglais, bien davantage qu'en France.

Le feu sacré

On convient que c'est avec la découverte du feu par l'homo erectus, il y a 700 000 ans, que l'homme s'est « civilisé ». L'utilisation de cet élément primordial lui permit de cuire les aliments, se chauffer et s'éclairer, se pré-

Histoire de pavés

L'origine des mots raconte l'Histoire : le mot « âtre » vient du latin populaire *astracum* qui veut dire « pavé ». J'imagine que cela renvoie directement aux pierres qui pavent le fond et le sol de la cheminée. Lequel mot latin vient du grec *ostrakon*, qui signifie « vase en terre cuite », « coquille ». Amusant : du même « ostrakon » est dérivé aussi le vocable « ostracisme », parce que l'ecclesia (l'assemblée du peuple d'Athènes) votait l'exil d'un citoyen avec des morceaux de vase cassé.

server des bêtes sauvages. D'où l'omniprésence du feu dans toutes les grandes mythologies humaines et en premier lieu dans nos civilisations judéo-chrétiennes, avec l'image originelle du buisson ardent qui signale la présence divine à Moïse dans le désert ; par son rôle purificateur également : ainsi en advient-il de Sodome et de Gomorrhe, ou lorsqu'il s'agit d'éradiquer les hérétiques ou les sorcières).

Les vestales, jeunes filles vierges issues d'anciennes familles romaines, consacraient la majeure partie de leur vie à entretenir le feu sacré de la déesse Vesta. Si par malheur elles laissaient s'éteindre le feu sacré, elles étaient condamnées à être enterrées vivantes. La magie du feu est née dans ces temps archaïques.

Campements nomades au Niger et en Algérie.

De la cheminée

Le mot « cheminée » a une polysémie extraordinaire. Le mot latin *caminata* veut dire « fourneau » et « cheminée ». Il vient du grec *kaminos,* qui a le même sens. En français le mot « cheminée » a une kyrielle de sens. Il signifie aussi bien l'endroit où l'on fait du feu que le dispositif maçonné comprenant un foyer et des conduits, mais aussi le tuyau d'évacuation avec le tirage et les accessoires de fumisterie, « fumisterie » étant le mot exact pour tout ce qui a trait à la fumée.

Le mot « cheminée » désigne aussi la partie visible. À l'intérieur de l'habitation ou des immeubles, c'est quasiment un meuble, avec son aspect décoratif : le manteau de la cheminée, la tablette, les jambes, le trumeau, etc. Enfin, à l'extérieur, sur le ou les toits, on voit une cheminée ou une forêt de cheminées.

Signalons enfin que, dans l'art culinaire, une cheminée est une incision pratiquée sur le dessus de l'appareil culinaire pour que la cuisson soit parfaite, que les vapeurs s'échappent. On peut mettre dans cette incision un petit tuyau en carton qui ne brûle pas et qui résiste à la chaleur du four : c'est ce petit tuyau ou l'incision qu'on appellera une « cheminée ». Le procédé est courant avec les soufflés ou certaines pâtisseries.

Enfin, le mot « cheminée » est utilisé en alpinisme, en géologie pour désigner certaines formations rocheuses ou certains passages verticaux, en particulier dans les volcans...

Aujourd'hui encore, dans nos civilisations modernes, allumer et entretenir un feu (qu'il soit de camp ou de cheminée) nous ramène toujours aux mêmes gestes primitifs qui nous apaisent.

Sans doute est-ce la raison qui a permis de maintenir nombre de traditions liées au feu et à la cheminée jusqu'à nos jours.

Ainsi, au moment de Noël, les traditions s'ordonnent autour du feu. En Provence, la tradition du *cacho-fio* consiste en l'allumage rituel de la bûche ; on dit même *Bouta cacho-fio,* c'est-à-dire « bouter le feu à la bûche ». Celle-ci doit être de bois fruitier (poirier, cerisier, olivier). En règle générale, la cérémonie a lieu devant la cheminée avant de se mettre à table. Le plus jeune et le plus vieux mettent le feu à la bûche, que l'on arrose trois fois de vin cuit en entonnant : « Que la bûche se réjouisse, demain sera le jour du pain, que tout bien entre ici, que les femmes enfantent, les chèvres chevrotent, les brebis agnellent, qu'il y ait beaucoup de blé et de farine, et de vin une pleine cuve. »

Le repas du réveillon qui suit voit une abondance de mets, gibiers, rôtis, et toutes sortes de viandes cuites au feu, y compris certains des fameux treize desserts de Provence...

Polissage du fronton d'une cheminée en marbre.

Des moines au « maître-âtrier »

Historiquement, la cheminée connaît deux modalités.

La première forme à apparaître a été le foyer central, à l'intérieur d'un bâti, d'une maison, d'une cabane, ou d'une tente, bref d'une grande construction servant collectivement à une tribu, à une famille, à un groupe social. On trouve encore des cheminées à foyer central dans les maisons d'aujourd'hui. On vend sur catalogue de merveilleuses cheminées centrales en inox au milieu de grandes salles de séjour, avec un foyer et une cheminée aspirante au-dessus. La famille, restreinte ou élargie aux amis, peut faire le cercle. Aujourd'hui, on voit ce genre de cheminée plutôt dans les téléfilms américains, car l'effet est purement décoratif.

La deuxième modalité est le foyer adossé, qui convient aux maisons à plusieurs étages. Dès qu'on a bâti la maison, on adosse la cheminée à l'un des murs, qu'il faut construire en matériaux réfractaires : des briques, des pierres, de la terre séchée, et évidemment pas de bois.

Les deux types de foyers pour le chauffage et la cuisine apparaissent dès l'Antiquité. Ces deux familles de cheminées se sont largement développées au Moyen Âge. On rencontre ainsi des cuisines monastiques ou seigneuriales, lesquelles sont souvent aménagées dans des constructions indépendantes, de plan carré ou circulaire ; celle de l'abbaye de Fontevrault (XIIe siècle) est une salle octogonale. Sur chaque pan, une cheminée correspondant à un type de cuisson, à une énergie calorique différente ; une ouverture centrale assure l'aération. Aux XIVe et XVe siècles, la cuisine, abritée dans une salle voûtée, dispose toujours de plusieurs foyers ; celle du palais des ducs de Bourgogne, à Dijon, est couverte d'une coupole avec cheminée d'appel au sommet. Dans les maisons ordinaires, jusqu'au XVIIIe siècle, la cuisine se confond avec la pièce principale, salle ou chambre. Au XIXe siècle, les fourneaux de brique, puis de fonte, remplacent les vastes cheminées.

Foyer central et foyer adossé avaient leur utilité selon les régions. On trouve encore de nos jours les deux types de cheminées, et notamment quelques cheminées à foyer central dans de belles maisons du Lubéron, du Dauphiné et du massif alpin, également en Corse, en Auvergne, en Bresse et en Lorraine. On trouve aussi ces cheminées dans les maisons scandinaves et en Grande-Bretagne. Elles sont communément appelées les cheminées chauffant « au large ».

De la cheminée ancienne à la cheminée moderne...

Les cheminées adossées, à conduit, existent sous différentes formes : des plus modestes jusqu'au grand âtre de la cheminée ornementale, avec d'immenses pilastres, des jambes extraordinaires, un manteau généreusement sculpté avec armoiries vraies ou fausses. On trouve ces monuments dans les châteaux les plus anciens, comme en Dordogne ou dans les châteaux de la Loire, ou dans les constructions réhabilitées à l'identique par Viollet-le-Duc, comme le château de Pierrefonds en forêt de Compiègne.

Feux et foyers

Foyer ou cheminée simple ou multiple, la technique du feu est développée aussi bien dans les grands châteaux que dans les masures du paysan misérable. La cheminée symbolise également la communauté : au Moyen Âge, on effectue le recensement non pas par individu mais par foyer et par feu. On caractérise les paroisses (villages) par le nombre de « feux » qu'elles regroupent. Le foyer signifie encore aujourd'hui la famille, ou le lieu où elle vit. On parle d'une « femme au foyer » pour une femme qui « ne travaille pas ». On compte les revenus fiscaux « par foyer ». La charge symbolique du mot s'impose : autour du foyer se constitue le tissu social.

Tous les modèles de cheminées se retrouvent aujourd'hui dans nos maisons de campagne ou pavillons de banlieue, habitations luxueuses ou modestes. En ville, la cheminée d'appartement avec trumeau et tablette, chambranle en bois, en stuc ou en marbre, apparaît dès le XVIIe siècle.

Plus tard, dans les immeubles haussmaniens, les cheminées seront généralement en marbre, du moins aux étages « nobles » (le premier ou le second), avec un rideau à crémaillère qui ferme l'âtre comme un volet vertical. Les cheminées en brique et briquette sont apparues au début des années 50.

Un peu de vocabulaire

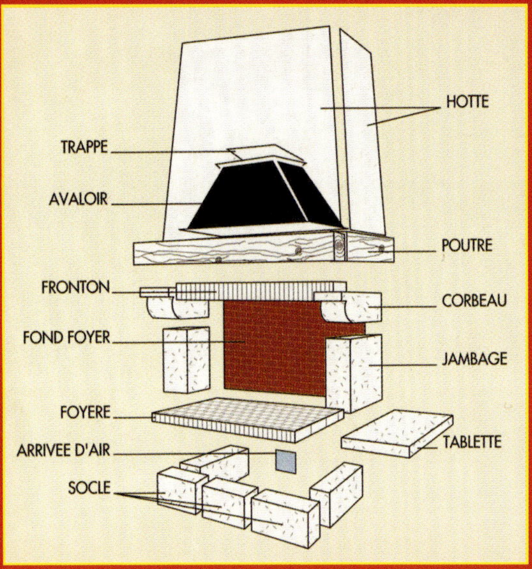

Le vocabulaire qui désigne les parties de la cheminée est assez curieux : l'âtre, le dos ou le cœur, le contre-cœur. Le dos, ou le cœur, désigne le mur du fond. Il est revêtu d'un contre-cœur conçu en un matériau réfractaire, et pourvu éventuellement d'une plaque en fonte, nue ou ornée d'un motif (armoiries ou scène de genre agreste) qui paraît ainsi onduler dans les flammes.

Dans le château de Pierrefonds, une cheminée comme on n'en fait plus...

Les années suivantes voient apparaître un nouveau matériau appelé le tuilot. C'est une tuile de l'Île-de-France sciée, utilisée comme telle, puis fabriquée expressément pour le revêtement interne des cheminées.

Enfin, on a innové avec les cheminées préconstruites en pierre ou en brique, livrées en pièces détachées puis reconstruites dans la maison. Le système a été conçu et créé par Richard Le Droff, lequel a inventé et déposé le mot « âtrier » (remplaçant le terme « fumiste » qui possède un autre sens par trop péjoratif !) et « maître-âtrier » pour désigner celui qui bâtit la cheminée.

Une cheminée est tout cela à la fois. Monumentale, c'est la grande cheminée d'un château du Moyen Âge – les forteresses de la guerre de Cent Ans ne sont pas loin –, ou plus anciennes encore – les grandes demeures glacées des princes d'Aquitaine et d'Anjou, Plantagenets ou Flamands, familiers des routes de Jérusalem pour la foi ou du Languedoc hérétique. Monumentale encore, mais davantage pensée comme un bel objet de pierres taillées, sculptées : c'est un geste architectural de la Renaissance. Les princes avaient cavalcadé sur les routes

italiennes, disputant Mantoue, Ferrare ou Florence aux impériaux ou aux papistes. Paysanne, la cheminée aussi monumentale que celle du seigneur, mais sans ornements. Sur chacun de ses côtés, un banc de pierre, sous lequel est rangé du bois et sur lequel on s'assoit, on se chauffe, on sommeille, on s'endort.

La cheminée est parfois double. Elle s'est longtemps épuisée à chauffer une pièce immense. Que de corvées de bois, que de braises, que de cendres, que de fumée rabattue les jours de vent ou de bourrasques, et que de calories perdues dans ces volumes gigantesques où l'être humain, emmitouflé dans ses laines, ses cuirs et ses peaux, grelotte malgré les flammes qui dansent devant ses yeux !

Ce qui rapproche toutes ces cheminées, c'est bien le cadre de scène, leur ouverture au regard, à la chaleur, aux gestes familiers qui apportent le bois, qui suspendent une marmite, qui installent une bête prête à cuire. La cheminée est une scène de théâtre où nous jouons, nous représentons, nous transformons nous-mêmes, en personnages de légende, de roman, de conte, de comédie.

Ramona…

Dans les immeubles urbains, que l'appartement soit en centre-ville ou en périphérie, il n'existe aucune législation particulière pour restreindre l'usage des cheminées et de l'âtre ; il est simplement obligatoire que les conduits soient aux normes contemporaines (dimension, matériau, isolation) et ramonés régulièrement (en principe deux fois par an).

On trouve dans le commerce des poudres chimiques ou des bûches de ramonage, destinées à dissoudre les goudrons et les bistres. Ces produits, interdits dans les foyers fermés, peuvent être efficaces, à condition de suivre les conseils d'utilisation délivrés dans la notice et de ne pas attendre que le conduit soit trop bistré. Mais un bon ramonage mécanique, plus efficace, permettra de vérifier la vacuité

Autour d'un **bon feu,** des rapports **humains** se **construisent,** des générations apprennent leurs *différences.*

Les cheminées Le Droff : de la Bretagne à la Maison Blanche

L'inventeur des cheminées modernes est un tenace Breton, Gilbert Richard. Installé en Île-de-France, comme tant de ses compatriotes, il avait pris en charge un commerce et un savoir-faire. Un jour, nécessité faisant loi, enrichi d'un bon capital d'esprit inventif, de manches retroussées, soucieux, au fond, de se distinguer et de conquérir une place originale dans un domaine considéré comme banal, il a imaginé des cheminées pré-construites en pierre ou en brique, et livrées en pièces détachées, puis assemblées et reconstruites dans la maison du client. On pouvait désormais acquérir sa cheminée ancienne comme un objet neuf ! Là était la trouvaille !

Le système a été conçu, créé et évidemment perfectionné, multiplié et enrichi par Richard Le Droff. Comment s'appellerait le métier qu'il venait d'inventer ? Le dictionnaire des métiers répondit : aux côtés du maçon, il y a le « fumiste »... ouvrier en « fumisterie » qui maîtrise les conduits d'évacuation de la fumée et tous les ouvrages en terre réfractaire. Certes... mais le terme « fumiste » est chargé d'un sens péjoratif (mauvais plaisant, mystificateur...) qui a finalement gâché le métier. La « fumisterie » n'a pas bonne réputation. Richard Le Droff se fait linguiste et invente la profession d'âtrier, lui-même étant maître-âtrier. Il dépose ses mots comme une marque et voilà un métier nouveau porteur d'authenticité.

Les créations se succèdent, les matériaux se combinent et se complètent, les dimensions s'adaptent aux conditions de logement et aux goûts des clients. Plus d'un million de cheminées Richard Le Droff sont installées dans le monde. Chacune est signée et numérotée, posée dans les règles de l'art du « maître-âtrier ». Richard Le Droff entre à la Maison Blanche : le Président Georges Bush se dote d'une cheminée *made in France.* L'empereur du Japon est également séduit. Le goût français s'exporte avec un art de vivre et les savoir-faire qui l'accompagnent, entre autres les modèles *Montbrouage* et *Marjolaine*.

Richard Le Droff, ses collaborateurs et successeurs SUPRA sont les premiers qui ont réhabilité la cheminée comme moyen de chauffage après les crises pétrolières. Cette fonction de pionnier est revenue, ce n'est pas un hasard, à l'une des plus anciennes marques de cheminées en France, 70 ans déjà.

L'entretien/le ramonage :

Pour fonctionner au mieux de sa forme, votre cheminée requiert un minimum d'entretien, soumise qu'elle est à de fortes contraintes thermiques.

En général, la réglementation départementale en vigueur exige deux ramonages par an, dont un pendant la période de chauffe.

Ce ramonage **doit être mécanique** et se fait l'aide d'un ustensile appelé « hérisson ».

Profitez de l'occasion pour faire inspecter le conduit.

Vérifiez également l'état des joints d'assemblage des différents éléments du foyer, ainsi que le bon fonctionnement de la trappe et des grilles.

Et n'hésitez pas à faire établir un certificat de ramonage par votre entrepreneur.

du conduit. Les prix d'un ramonage varient de 150 à 400 F et il est conseillé de conserver l'attestation du professionnel.

Anticipons : il est déconseillé d'utiliser le bois de cageots ou le bois de résineux (pins, sapins, épicéas, ifs, etc.) qui encrassent les conduits davantage que le charme, le châtaigner ou le chêne, ou tous autres arbres feuillus.

L'histoire des « petits métiers » veut que les Savoyards aient été nos ramoneurs de toujours. Les « petits Savoyards » prenaient la route pendant ou à la fin de l'été. Leurs outils les distinguaient : raclettes sur des manches télescopiques, hérisson, cordes, échelle, seau. Pourquoi « petit » Savoyard ? Le conduit des cheminées est étroit et, pour y effectuer les opérations de ramonage, l'ouvrier doit afficher une corpulence minimale.

Ainsi s'est perpétuée l'image touchante du « petit ramoneur », personnage réel entré dans les contes d'enfants ou les légendaires régionaux. Victor Hugo raconte l'histoire de Gervais, le petit Savoyard, sur les routes de Haute-Provence, qui croise la destinée du forçat évadé, Jean Valjean. L'homme vole l'enfant d'une pièce en argent et se souviendra toute sa vie de cette violence, gardant la pièce de monnaie comme un talis-

La cheminée
se pare de tous
ses atours pour
attendre,
elle aussi,
le Père Noël.

man, avec les chandeliers de l'évêque de Digne, Mgr Myriel. Mais c'est une autre histoire...

Petit Tino Noël

Et à propos d'histoires racontées aux enfants et de cheminée, comment ne pas songer au vieux et annuel Père Noël, qui descend précisément par la cheminée ? Cette légende du Père Noël, relativement récente, dérive de celle de Saint-Nicolas (sorte de Père Noël des pays nordiques) qui parcourt les grands espaces grâce à un traîneau tiré par des rennes.

Tino Rossi a fait un triomphe avec son « Petit Papa Noël, quand tu descendras du ciel... » Ce personnage populaire continue de descendre par la cheminée, même quand elle n'existe plus. Notre conduit et notre âtre sont bien le lieu où naît la vie et où le surnaturel se manifeste.

Jusqu'à l'incontournable bûche de Noël qui clôt le repas traditionnel, avec son imitation glacée, crémée, beurrée, meringuée, chocolatée, mais imitation toujours de la bûche de bois sec que l'on place dans la cheminée pour admirer de belles flammes, réchauffer la maison, et retrouver des cendres chaudes au petit matin. La bûche de nos desserts symbolise ce qu'il peut y avoir de chaleureux, de solidement utile et de merveilleux dans la cheminée.

Conteurs en flammes

Au coin du feu, le récit sort des cœurs et des bouches, on l'écoute avec des images changeantes produites par le feu. L'ambiance est telle que les histoires terrifiantes connaissent leur paroxysme, avec des personnages qui apparaissent et disparaissent dans les flammes, des brigands tels Mandrin ou Cartouche, les gendarmes du roi qui leur donnaient la chasse ou les « juges de Grenoble avec leurs longues robes » qui condamnent Mandrin à l'échafaud des pauvres.

Jean-Pierre Chabrol est un romancier devenu par surcroît un conteur cévenol fameux. Ses récits viennent toujours de la mémoire de quelque grand-père chevrier ou mineur, des récits d'une aïeule qui pisse debout sous ses robes, d'un personnage marginal, infirme ou réprouvé.

Toutes les grandes civilisations rurales, de culture et de pastoralisme, ont produit, et produisent encore, en Afrique ou en Asie, des personnages qui racontent une histoire commençant toujours par « Il était une fois ».

La cheminée est un très ancien lieu de rituel, de gestes religieux. Nos ancêtres les Romains ne sont pas loin, avec leurs dieux lares, les dieux du foyer. Et toutes les niches de toutes les religions, de tous les cultes du monde, avec leurs bougies et leurs bobèches, leurs petites flammes tremblotantes, évoquent les cheminées et les histoires surnaturelles que les femmes et les hommes ont eu besoin de se raconter en regardant danser les flammes d'un foyer.

Aujourd'hui, dans les maisons chauffées, la cheminée est moins le lieu unique de la chaleur, bien que, depuis les chocs pétroliers des années 70, le foyer fermé ait redonné à la cheminée un caractère utilitaire et économique. On se réunit autour de ses flammes pour y cuisiner, même modestement. Si la cheminée se réinstalle dans les maisons, c'est aussi parce que l'on accorde des vertus à la cuisine au feu de bois. Ce geste : cuisiner au feu de bois à la fin du XXe siècle et au début du XXIe, peut paraître anachronique. Comme tous les gestes qui s'accomplissent près du feu, il est chargé d'un sens, c'est aussi un rituel.

Partout, à la campagne comme à la ville (tous les immeubles jusqu'aux années vingt ou trente au moins ont été construits avec cheminées d'appartement et conduits de fumée), nous sommes dans un spectacle et devant lui. Acteurs et spectateurs de notre foyer, de nos flammes et braises. Le théâtre est dans la pièce lorsqu'il y pousse de la vie sociale, familiale, des générations qui jouent ensemble, qui parlent et mangent, s'embrassent ou se déchirent avec la férocité de ceux qui s'aiment.

Et le spectacle est aussi de l'autre côté de la cheminée : dans le feu qui excite et stimule l'imagination lorsqu'en état de veille flottante, de somnolence bacchique, un verre d'armagnac dans la paume de la main arrondie, on regarde le bois brûler et les flammes danser.

Flambée d'enfants

Mes petits-enfants ont entre 20 mois et 8 ans au début de ce siècle. Tous, sans exception, sont fascinés par ce qui se passe dans le cadre de la cheminée, un théâtre plus grand que le castelet du guignol que nous suspendons parfois dans le chambranle d'une porte.

Que le temps soit celui d'une flambée ou d'une combustion plus longue en vue d'une cuisson animale, les enfants adorent le feu, se racontent des histoires, se demandent pourquoi et comment une flamme se forme, pourquoi elle s'éteint et se rallume quand on souffle dessus. Pourquoi une poignée de gros sel abaisse les flammèches récalcitrantes qui s'obstinent à brûler la côte de bœuf installée sur la braise, parce qu'une ou deux gouttes de graisse ont coulé sur un brandon.

Les enfants aiment jusqu'à la fascination l'histoire que raconte le feu. Dans ce dialogue entre notre regard et les flammes, il y a quelque chose de l'ordre de la magie, du très profond en soi. Nul besoin de faire appel au surnaturel. Le réchauffement ressenti par notre corps, notre peau, devant une flamme, est le contraire d'une mort redoutée, crainte, ou objet d'indifférence, mais toujours associée au froid, au glacial irrémédiable.

Nous voilà attirés par la chaleur, par la douceur ; nous voilà soucieux de la bonne distance à tenir entre soi et les flammes : dans un coin de notre mémoire génétique, nous

La cheminée, décor incontournable des grandes étapes de la vie.

Chaleur, douceur et tendresse autour de la cheminée.

savons que le feu éloigne cet instant auquel on ne pense presque jamais, auquel on ne veut pas penser, l'instant du « passage », que les Anciens avaient comparé au passage sur l'autre rive d'un fleuve, celui que les Indiens d'Amérique nomment le territoire des « chasses éternelles », bref, la mort. La chaleur et le confort d'un foyer – le feu et la famille sont ici synonymes – nous protègent contre le néant, ou l'angoisse des fins dernières.

Bien des rituels funéraires sont des rituels de feu, de crémation, d'incinération, de purification ou de châtiment par les flammes, en Asie, en Amérique précolombienne, en Afrique. D'où le lien entre le feu, la chaleur, son entretien jaloux, sa contemplation rêveuse, et la vie, la santé, la joie du groupe rassemblé, le désir. Ne dit-on pas que l'amour brûle, que les amants se consument, que le coup de foudre embrase une passion ?

Page ci-contre : la saint-Jean au Pays Basque espagnol.

Le Feu c'est un peu la connaissance. Prométhée, pour avoir donné aux hommes le feu que les dieux se réservaient, sera enchaîné sur la montagne où un aigle lui dévorera le foie, jusqu'à ce qu'Hercule le délivre du châtiment. Le feu de la mythologie grecque, fondatrice de nos légendes, de nos histoires, de nos imaginations, est un trésor, une richesse du monde meilleur par excellence, celui des dieux de l'Olympe. Il est à la fois bonheur et connaissance, savoir infini et plaisir de l'instant : qui n'a pas eu ces sensations mêlées, cette sorte de veille euphorique devant un foyer, des bûches rougeoyantes, des braises irisées, des flammes qui empruntent des formes fantastiques et réalistes à la fois ? Et puis l'eau bout et la saucisse grésille, il faut quitter l'Olympe et redescendre en cuisine !

De quel bois je me chauffe !

La menace populaire, destinée à exprimer une colère, une promesse de représaille violente, physique ou toute verbale, indique bien que tous les bois ne libèrent pas des énergies identiques. Selon le bois avec lequel on se chauffe, la menace est inquiétante ou négligeable !

En cuisine, il y a bois et bois : on ne prépare pas le lit de braises d'une entrecôte avec le même arbre qu'une poêlée de châtaignes en hiver. L'entrecôte, la tranche de veau ou n'importe quelle autre grillade atteindra son sommet sur un lit de sarments de vignes réduits en braises.

À l'automne (dès la fin octobre ou juste après la Toussaint) commence la taille des vignes. Toutes les régions viticoles sont concernées, du Midi à l'Alsace, du bordelais à la Loire, de la Côte rôtie à la plaine du Var. Chaque pied de vigne est visité. Il a produit du bois, les feuilles sont tombées, on le stimule pour l'année suivante en rabattant « sévèrement » l'arbuste : sur le tronc, le vigneron laisse deux rameaux, que l'on attachera plus tard, guidant la croissance de la végétation. Taille courte, taille longue, taille en hauteur, palissage, taille basse en godet : toutes les traditions et les usages, toutes les innovations sont dans les vignobles.

Ces tailles hivernales produisent des montagnes de bois sec ou qui va rapidement sécher, de diamètre fin, facile à casser, idéal pour la cheminée à foyer ouvert, mais de flambée trop rapide pour les foyers fermés. Autrefois, au temps des campagnes peuplées, des hameaux abritant des familles nombreuses, des générations, des villages comptant les habitants par milliers et non par centaines ou parfois par dizaines comme aujourd'hui, tout ce bois était coupé, ramassé, fagoté, entassé dans les hangars qui abritaient des montagnes de fagots. Ces sarments faisaient merveille pour réchauffer rapidement une cuisine, combattre une vague d'humidité, sécher une carcasse rompue par l'averse et le vent.

Bien fagoté

Aujourd'hui, on trouvera facilement les fagots de sarments de vigne en vente, dans les régions viticoles. Commerces de dépannage ou stations-service ont ajouté le fagot à la panoplie de gourmandises offerte au consommateur de plaisirs. On peut aussi constituer sa propre réserve, de concert avec un viticulteur à qui l'on demandera de ne pas broyer sur place ou brûler ses sarments... Le broyage, ou le brûlage en bout de parcelle, a été longtemps l'usage, et le demeure parfois. Ces feux de sarments dans les vignes peuvent d'ailleurs contribuer à élever la température des quelques degrés centigrades suffisants pour éviter une gelée fatale au bourgeon ou au fruit naissant. Instruit par les prévisions météo, le vigneron se lève à deux heures du matin et fait flamber ses réserves de sarments en bout de rang.

La cuisson au sarment de vigne donne un goût exceptionnel à la viande grillée. Le fagot de sarment brûlant en quelques minutes, il convient de rabattre les extrémités du fagot d'un coup de pique-feu ou à l'aide d'une pince afin de consumer la totalité du fagot : deux ou trois fagots de sarments suffisent à constituer le fond de braises nécessaire à la cuisson d'une belle entrecôte ou d'une batterie de côtelettes d'agneau, ou un peloton de saucisses fines (dites aussi « chipolatas »).

Dès lors que la totalité du bois de vigne est brûlée, on rassemble les braises afin de répartir la chaleur dégagée par ce fourneau éphémère. Éphémère, car la braise s'éteint vite et refroidit : adieu cuisson de saisie, si l'on tarde. La viande, sortie du réfrigérateur depuis un bon moment déjà, a été disposée sur le gril, les côtelettes imbriquées les unes dans les autres, les saucisses enroulées comme à la parade. Reste à déterminer la hauteur entre le gril et la braise, affaire d'expérience et de goût. Affaire aussi d'habitudes et d'exigence chez le boucher quant à l'épaisseur des viandes. Au gril sur braises, il convient que la pièce de viande soit généreuse dans son épaisseur, sinon la semelle sera dans l'assiette et le charme rompu ! Pas moins de deux centimètres pour l'entrecôte, et trois centi-

Barriques
ou sarments,
la vigne apporte
tant de saveurs
à nos feux de bois.

mètres pour une côte de bœuf méritant son nom. L'os, le gras, la braise donnent un goût irremplaçable, une saveur que l'on ne retrouve pas au sortir d'une poêle.

À l'origine, et jusque dans les années 40 et 50 du XXe siècle, l'entrecôte dite « à la bordelaise » n'est pas seulement grillée sur les braises de sarments de vigne mais sur celles de vieilles barriques. Tous les deux ou trois ans, dans les chais, on réforme les barriques, les « bordelaises » de 225 litres. Ce bois de chêne des vieilles barriques, imprégné d'alcool, des tanins du vin, de toutes les flaveurs et saveurs du vin arrivé à maturité, engendre des braises qui donnent un goût unique à la viande. Mais il est hélas devenu relativement rare de pouvoir cuisiner ainsi, puisqu'on ne trouve pas dans le commerce les douelles de vieilles barriques. On imagine sans peine que les propriétaires, les maîtres de chai conservent ce matériau pour leur propre usage ! Dans un chai d'armagnac, de l'ancienne et valeureuse maison Gélas, de Vic-Fézensac, il m'a été donné de contempler des hauteurs empilées de ces douelles vieillies par l'eau-de-vie assemblée et elle-même vieillie, et d'imaginer quelles saveurs seraient révélées par une cuisson sur ces bois d'exception. Dans un autre chai, celui de la maison Gimet à

Comment choisir son bois

● **Les senteurs**

Chaque essence de bois dégage une senteur différente et ce sont les fruitiers (cerisier, noisetier, noyer, sarments de vigne...) les plus aromatiques.

Ils embaument agréablement la pièce, en rappelant le parfum de leurs fruits.

Si les bonnes odeurs enchantent vos narines, c'est l'essence qu'il vous faut.

● **Une flambée rapide** :

– **L'aulne** est un bois tendre qui « prend » facilement et dégage peu de fumée tout en produisant beaucoup de chaleur. Mais sa braise s'éteint facilement.

– **Le châtaigner**, mi-dur, brûle vite, crépite et chauffe beaucoup.

– **Le peuplier**, bois très tendre, brûle vite, ne tient pas bien le feu et ne chauffe pas bien.

– **Le sapin**, tendre et léger, brûle vite et chauffe rapidement, mais dégage beaucoup de fumée tout en pétillant. Gare à vos tapis et moquettes !

– **Le pin maritime**, dur et lourd, brûle vite avec une flamme claire et peu soutenue.

● **Une bonne braise et un feu qui dure** :

– **Le charme** est un excellent combustible dur et mi-lourd, qui donne des flammes vives et des braises excellentes.

– **Le chêne**, mi-dur ou dur, mi-lourd ou lourd, brûle doucement en pétillant gaiement et chauffe bien.

– **Le hêtre** est un bois mi-dur et mi-lourd qui offre de belles flambées et de bonnes braises.

– **L'olivier**, dur et lourd, tient longtemps et chauffe beaucoup.

– **Le petit bois**, que vous garderez précieusement lors de l'élagage de vos arbres, arbustes et autres haies, doit être séché correctement pour donner sa pleine efficacité lors de la mise en route du feu.

Cazeneuve, près d'Eauze, la pièce de bœuf fut préparée sur son lit ardent de douelles de chêne baignées longtemps par l'eau-de-vie d'armagnac. La fête fut digne de ce choix princier.

Tous les bois n'ont donc pas les mêmes vertus, et ce serait une hérésie par exemple de confronter une viande avec des résineux (tout au plus peut-on allumer le feu à l'aide de pommes de pin). Pin, sapin, épicéa, mélèze, if, donneraient aux aliments un goût de térébenthine, essence contenue dans la sève et la résine. Il est d'une manière générale déconseillé de brûler dans sa cheminée, pour l'agrément, le chauffage ou la cuisine, des chutes de résineux : ils encrassent le conduit d'évacuation des fumées, en brûlant trop vite de surcroît.

Les meilleurs bois pour le feu de cheminée sont ceux dont la combustion dure longtemps et qui font le plus de braises solides. On éliminera donc également les bois tendres, comme le peuplier (dont on fait les allumettes ou les cageots) ou certains bois d'eau (saules, frênes, « vergnes » – également appelés aulnes). Tous les autres bois, comme le châtaignier, le chêne, le hêtre, le bouleau ou le charme (c'est le bois à la combustion la plus lente), sont conseillés car ils brûlent long-

temps. Le chêne vert, qu'on trouve principalement dans le Sud-Est, est également un bois qui possède un fumet particulier, assez parfumé, très agréable à utiliser lorsqu'on désire faire des braises. En Provence, les bois de taille de l'olivier peuvent servir à des barbecues, à des grillades. Ils parfumeront formidablement la viande ou le poisson que l'on fait cuire ainsi. Le houx, auquel on pense rarement, est un excellent bois d'allume-feu et de braises, car très parfumé lui aussi. Si les merles et grives dévoreurs de baies de genévrier en acquièrent le goût, de même un lit de braises de bois de genévrier possèdera un parfum d'exception.

Les pouvoirs publics ont récemment lancé un plan de lutte écologique dans lequel le bois, énergie renouvelable contrairement au pétrole (dont les réserves par nature s'épuisent), a une part importante. On apprend ainsi que « le bois-énergie participe à la lutte contre le changement climatique, et constitue un bon moyen de lutter contre l'effet de serre », en particulier lorsque son utilisation remplace celle d'autres combustibles produisant du CO_2 (gaz carbonique).

Une autre raison doit nous encourager à couper du bois, à ramasser du bois : elle fut révélée par la tempête de décembre 1999.

Tant de vieux arbres furent alors déracinés que l'on s'aperçut que nos forêts n'étaient pas assez entretenues, au sens ou l'entretien d'un massif forestier passe par la coupe des plus anciennes pièces, de manière à laisser les autres prendre leurs aises et leurs forces. Contrairement à ce que l'on pourrait croire, il est écologique de couper des arbres, d'éclaircir les forêts, de faire sécher le bois et de le brûler : ainsi la forêt se renouvelle. Tous ceux qui possèdent une parcelle de forêt ne ramassent pas le bois mort ou n'ont pas la faculté d'entretenir leur domaine, grand ou petit, comme il conviendrait. Pourquoi ne pas se trouver un propriétaire amical, ravi qu'on ramasse un peu de son bois ou éventuellement qu'on élague ou éclaircisse sa parcelle en abattant quelques arbres désignés ?

Mettez-en un stère

Voilà encore une activité qui demande un investissement de durée, du temps : on se lève tôt, on se chausse, on emporte le casse-croûte, des fruits, une gourde et on se rend au bois pour amasser, couper, débiter, ranger au bord du chemin. C'est un exercice physique qui vaut largement les heures onéreuses et ennuyeuses passées en club sophistiqué !

Enfin, il reste envisageable d'acheter son bois, généralement mesuré au stère (le stère est un empilage régulier de bûches de 1 mètre de long sur une hauteur de 1 mètre et une largeur de 1 mètre : soit un mètre cube), pour une somme variant de 250 à 400 F.

Le bois humide ou vert brûle mal ou pas du tout, ou dégage en brûlant des fumées encombrantes. Le bois doit donc passer de l'état coupé et vert, à coupé et « mort », c'est-à-dire sec. Pour obtenir un bois bien sec, il convient de le couper à l'automne, de le laisser à l'extérieur, à l'air libre, y compris à la pluie, pendant 18 à 24 mois au minimum, et ensuite de le stocker dans un endroit ventilé. On laissera le bois recevoir la pluie pour que

Coupez vos arbres avant qu'ils ne tombent. Page ci-contre : les cerisiers sont aussi beaux en fleurs qu'odorants en flambée.

celle-ci le lessive efficacement de sa sève, facteur principal d'humidité du bois.

Tous les bois dégagent une odeur, une ambiance particulière, selon qu'ils sont plus ou moins vieux, plus ou moins secs. Les bois très vieux et très secs ne dégagent pas beaucoup d'odeurs. Il ne faut pas hésiter à aller dans le tas de bois chercher les bûches du dessous, avant qu'elles ne soient trop vieilles et tombent en poussière ou pourrissent.

Le charme du charme

Outre le précieux sarment de vigne, les bois qui ont ma faveur sont le chêne, le châtaignier et le charme. Les charmilles, alignement de charmes qui produisent une ombre épaisse et douce, sont faciles à trouver. Les jeunes charmes, taillés chaque année, repoussent à foison et fournissent ainsi une provision de bois à combustion lente, car telle est la qualité du charme. Autrefois, avant les règles européennes d'hygiène et l'emploi du plastique lavable, ou des matériaux composites, les étals de bouchers étaient confectionnés en charme massif.

Le châtaignier et le chêne sont des bois de charpente, de parquet, d'ébénisterie. Le hêtre est utilisé pour la fabrication des sièges, des jouets, des sabots, des traverses de chemin de fer. Le merisier – le cerisier sauvage – est un excellent bois d'ébénisterie dont on fait des pipes, des flûtes, de la lutherie. Tous se comportent à merveille dans le foyer, produisant un feu puissant, durable et des braises de bon calibre. Dans les régions où les fruitiers sont nombreux (la vallée du Rhône, la vallée de la Garonne, la Dordogne, voire certaines parties de l'Île-de-France), il est profitable de récupérer auprès des arboriculteurs le bois de taille, lorsque celle-ci est effectuée. Ce n'est pas toujours une taille abondante, mais les surfaces plantées le sont et quelques brassées de prunier, d'abricotier, de pêcher, surtout de cerisier, séchées pendant un hiver, donneront des flambées odorantes et goûteuses l'année suivante.

La cuisine dans la cheminée

Revenons donc à l'histoire de nos cheminées : on oublie souvent que jusqu'à la moitié du XXe siècle, les hommes n'avaient cuisiné qu'au feu de bois. Certains ont utilisé la combustion de la tourbe, d'autres celle du charbon de bois, ou, plus récemment, du charbon extrait des mines. Certaines de nos grand-mères encore alertes ont commencé leur vie, et jusqu'à la naissance de leurs enfants dans les années 50 du XXe siècle, avec le feu de bois comme seul moyen de chauffage et de cuisine.

Tant que l'être humain n'a pas vécu dans un local construit, fermé et couvert, une maison, une masure, une cabane (parfois vaste), une hutte, il vivait à l'air, sans abri durable. Sans prétendre résumer l'histoire de notre espèce depuis l'âge des cavernes (une histoire réécrite à chaque découverte de nos savants, en Ariège, dans les Alpes du sud, dans les Cévennes), on sait que l'animal humain devint à la fois plus convivial, plus social, disons plus liant, et plus affermi, voire agressif, envers ses semblables, ses frères en humanité, et vis-à-vis de la nature, végétale ou animale, dès qu'il a pu allumer du feu. C'est avec le feu d'abord que l'on transforme les aliments. Même si l'homme a pratiqué d'autres techniques de conservation ou de transformation de la nourriture : la saumure, le vieillissement ou le séchage, la dessiccation des poissons au soleil par exemple. Viandes et poissons ont pu, grâce au feu, et sans parler encore de cuisson, être conservés grâce à la fumée. Toutes ces techniques sont encore utilisées pour le plaisir du goût !

De la cuisine des cavernes à la grillade prolétaire

Mais la vraie transformation des aliments naturels, l'invention de la cuisine comme art, le fait d'ajouter des plaisirs à la seule ingestion et mastication, cela passe par le feu. L'animal ou le végétal, un lapin, un tubercule ou une baie par exemple, ont été transmutés en nourriture cuisinée, c'est-à-dire savante (oui, savante, même pour une racine grossièrement cuite sous la cendre chaude : voilà un savoir acquis par l'expérience, c'est-à-dire la répétition des mêmes gestes). Tous les moyens furent et demeurent bons : grillade, cuisson dans une eau en ébullition, mijotage, mélange à sec ou dans un jus, cuisson échelonnée, utilisation de broches et de suspension, de réflecteurs pour augmenter la chaleur et la concentrer, de matériaux pour construire des récipients allant au feu, etc.

Tout commence à partir du moment où l'on peut installer deux pierres, et, entre ces deux pierres, la chaleur continue d'un feu, et, au-dessus du feu, un récipient ou une plaque de pierre ou de métal, ou une grille, ou une claie de bois vert, sur quoi chauffe, grille, se transforme, bout éventuellement un aliment. Un quartier de viande, un oiseau plumé ou un mammifère pelé, un légume dans de l'eau, un jus de fruit ou une décoction, on dira un jour un « bouillon », un « fond »... Depuis le plus primitif des « barbares » touillant le contenu d'un chaudron ou grillant de l'ours sur un bouclier romain transformé en plaque chauffante, jusqu'au jeune urbain du XXIe siècle mitonnant un ragoût pour sa parentèle ou enfilant des brochettes, les mêmes gestes s'accomplissent, le même savoir est à l'œuvre, le même désir est au bout de la peine.

Les ports, les usines, les mines, les chantiers, ont connu, connaissent encore parfois, une antique et solide tradition du casse-croûte autour d'une flambée un peu volée au temps de travail et aux règlements, une flambée non policée, sans cheminée ni outils adéquats, mais terriblement fraternelle, joueuse, joviale, chaleureuse. Ainsi en était-il sur les quais du port de Bordeaux, que j'ai connu alors que les dockers embauchaient par milliers chaque matin quai Louis-XVIII pour le déchargement du « vrac », des « cargos mixtes » venus d'Afrique, des Antilles, d'Amérique du Sud, parfois du Tonkin. À la pause, au changement des équipes ou des « demi-shifts », tout était prétexte à la cuisson raffinée d'une entrecôte à la bordelaise, parfois précédée d'une douzaine d'huîtres du bassin d'Arcachon, accompagnées d'une « crépinette », elle aussi grillée

sur les braises d'un fagot de sarments de vigne, apparus toujours miraculeusement au bon moment et au bon endroit, loin des regards curieux des contremaîtres ou des chefs du bureau d'embauche.

Parfois, des douelles d'une barrique usagée, ou accidentée lors d'un déchargement de rhum ou d'un enlèvement de vin, fournissaient le brasier idéal pour parfumer la viande rouge saignante, bordée de son gras jaune foncé, persillée et goûteuse. Quelqu'un avait sorti de sa sacoche une poignée d'échalotes, vite pelées et hachées, que l'on dépose sur la viande chaude à peine retournée. Et ainsi en était-il pour fêter une naissance, un départ en retraite, un accidenté qui obtient sa pension, un invité de marque, dirigeant de syndicat ou de parti, marins venus de loin, républicains espagnols à qui on donne un coup de main. Ou tout simplement pour narguer les chefs, ou pour fêter une bonne semaine de charge, une semaine pendant laquelle peu de camarades devaient se contenter de pointer, sans sortir le crochet, sans se salir les mains ailleurs qu'au jardin, là-bas, après les docks et les bassins à flot.

Quel enthousiasme, quelle joie pour le jeune homme que j'étais, de partager ces fêtes de la famille ouvrière, autour des huîtres aspirées, de l'odeur du bœuf aux échalotes, du pâté sur un croûton, du verre de blanc sec, et de la buée sur les verres l'hiver. Dans un paysage de grues, de mâts de charge, de hangars, de coques aux drapeaux du monde entier, l'amitié a eu l'odeur du sarment et des douelles brûlées, mêlée au goudron des quais, à la marée du fleuve et aux égouts de cette ville dont les rats aussi sont célèbres...

Dans ce paysage et ces odeurs, il se trouvait toujours deux pierres, trois parpaings, quatre briques pour caler le gril essuyé, on disait « torché », avec une feuille de papier journal. Le fagot donne vite ses braises. La viande en quelques minutes d'aller-retour est prête à la découpe ; les couteaux, des Opinels ou des *navajas* d'outre-Pyrénées, s'ouvrent entre les doigts et le tour est joué. On parle,

Grives rôties ou jambon de porc frais à la ficelle, tels sont les délices que la cheminée nous réserve.

on partage, le ton monte d'un cran. J'avais vu et vécu les mêmes moments de chaleur partagée dans une usine sidérurgique des Asturies, en 1960, avec moins d'abondance, plus de pommes de terre, mais le même bonheur du feu allumé en commun. Au Havre, à Marseille, à Nantes ou La Pallice, dans tous les chantiers navals de l'Atlantique ou de la Méditerranée, chez les cheminots entre les voies du triage, près de la rotonde où se rangeaient les locomotives à vapeur comme une rosace de fer, des feux de brisure, des flambées de fin de service ont grillé des saucisses et réchauffé des cassoulets.

C'est maintenant l'ère du pique-nique, pratiqué par des familles moins prolétaires, moins copie conforme du Gabin de *La Bête humaine*, moins frangins du Reggiani de *Casque d'Or*. Tous grillent une côtelette ou une chipolata sur un foyer hâtif, à la plage et en lisière du bois. Le barbecue est à portée de main, dans le coffre de la voiture, désormais à côté de la glacière portative, de la roue de secours ou des pliants, des boules de pétanque et du parasol.

Saveurs, odeurs et couleurs

Comment, avec de tels souvenirs, de telles odeurs dans la mémoire, de tels rires associés au gros sel jeté sur la viande, comment ne pas rêver de cuisine au feu de bois, dans l'âtre, dans le théâtre de la cheminée ?

Toute la cuisine d'aujourd'hui, bien entendu, ne peut pas être confectionnée au feu de bois. À moins d'une braisière richement garnie et surveillée de près, il sera difficile de monter un soufflé sur la scène de votre cheminée. Mais tout peut être cuit différemment, de façon moins brutale, plus lentement et doucement. Beaucoup de grands chefs, ces dernières années, ont recherché les vertus oubliées de la cuisson lente. Elle n'est pas contradictoire de la cuisine instantanée de certaines préparations de légumes seulement saisis dans un bouillon ou un fond frissonnant.

Le feu de bois permet de retrouver des goûts que la poêle au feu vif, au gaz et à l'électricité, ont fait oublier. Comment retrouver dans un four, même utilisé à température moyenne et donc plus longuement que les 60 minutes aux 225 °C matraquants, la saveur d'un gigot ou d'une volaille à la ficelle, ou le moelleux d'une volaille à la broche et arrosée avec patience, la saveur d'un agneau ou d'un marcassin, d'un cochon de lait, d'une énorme dinde, d'un chapon, cet archevêque de basse-cour, cuits à la cheminée pendant plusieurs heures ?

Palombes et bécasses à la ficelle. N'en perdez pas une goutte !

La saveur de la cuisson au feu de bois n'est pas la saveur de la cuisson au four. La question n'est pas de savoir ce qui est meilleur, ou moins bon éventuellement : c'est simplement différent. Le plaisir l'est également. Organiser dans le cadre de scène d'une cheminée rougeoyante la cuisson d'un animal, voilà un plaisir qui nécessite une mobilisation de moyens matériels, d'énergies familiales ou amicales, de temps, d'envies.

D'abord des accessoires solides : un animal de 20 kilos ne s'installe pas sur des broches quelconques. Il faut se les procurer, qu'elles tiennent le choc, qu'elles puissent tourner, qu'on puisse accéder aux extrémités de la broche, qu'on invente un système de rotation, c'est-à-dire d'exposition à la chaleur d'un animal qui passera autant de temps hors de la vue du feu que face au cœur de l'âtre.

La rotation de la broche peut être permanente, régulière, selon un mouvement d'horloge mû par des chaînes, poids et contrepoids. Il existe des broches mues par un petit moteur électrique ou à mécanisme d'horlogerie ; on appelle ce dispositif le « capucin ». Il est séduisant, mais je le déconseille. Fumées et vapeurs de graisse encrassent fatalement les lames, les chaînettes, les roulements. La broche auto-tournante, capucin ou horloge sophistiquée, finit souvent ses jours dans un garage, inutilisée, triste et graisseuse.

On peut choisir de tourner manuellement l'animal tous les quarts d'heure par exemple. Il prend ainsi le temps de la chaleur et le temps de cuire. Présence obligatoire pour surveiller le foyer et arroser la viande. On n'a plus forcément une arrière-grand-mère disponible pour l'installer au coin du feu et lui mettre la manivelle entre les doigts, ni un marmiton que l'on condamne à rôtir en même temps que le chapon. Ces modes de cuisson nécessitent donc du temps, de la vacance de soi et des siens, et c'est bien pour cela que nous retournons au feu de bois.

Le fond et la surface

Un animal cuit au feu de bois tout un après-midi pour être découpé et dégusté le soir doit être arrosé : sinon l'agneau ou la volaille seront devenus une désagréable semelle, une sorte de cartable indigeste. Sans arrosage, la bête va sécher et son moelleux partir en fumée.

Je conseille donc de préparer hors de la cheminée d'abord, puis de laisser mijoter près du foyer une réduction, un bouillon : s'agissant d'un cochon de lait ou d'un marcassin, on enrichira le bouillon de la réduction avec les pattes, éventuellement le museau, les oreilles. On utilisera des ailerons de poulet, du veau, on ajoutera au bouillon de viande des herbes, des légumes à forte valeur ajoutée de saveurs et parfums (poireau, céleri branche, carotte). On pourra donc arroser en permanence l'animal en train de cuire au feu. On en recueille dessous le jus et on réarrose continuellement. La peau va se craqueler, se percer, le jus va rentrer dedans... Tout cela nécessite du temps.

Dans les Cévennes, le Languedoc, la Montagne Noire, on me raconte des broches étagées, petits oiseaux au dernier niveau, puis des volatiles plus gros,

Ci-contre : la garbure de Jean-Pierre Xiradakis, restaurant La Tupina.

pigeons ou perdrix, grives, puis un étage de lapereaux, puis un ou deux poulets, voire un canard, enfin une pièce de quadrupède, porc ou chevreuil. On utilise un instrument, sorte d'entonnoir de fer rougi au feu et dont la chaleur porte à la fusion un morceau de lard glissé dans le cône percé de l'outil. La graisse fondue est versée goutte-à-goutte au-dessus des broches en rotation et les graisses et jus mélangés dégringolent d'étage en étage jusqu'au plat de terre ou de ferraille qui recueille le tout, recyclé ensuite grâce à l'entonnoir chauffé… Ce cycle est digne d'une peinture qui raconterait les délices ambiguës de l'enfer…

Le « faste food »

Si je m'intéresse à la cuisine au feu de bois et si je la pratique le plus souvent possible c'est évidemment pour des raisons de goût, de choix gustatifs qui tiennent par exemple à ce que la cuisine au feu de bois, c'est la cuisson lente (encore l'ambiguïté des enfers !). On peut prendre son temps, on ne brutalise pas les viandes, on peut faire cuire les sauces ou les soupes plus longtemps. L'Amour n'est pas loin et nous parlions d'enfer !

L'ami André Daguin, l'ancien de l'Hôtel de France à Auch, mousquetaire parmi les mousquetaires, *primus inter pares* au fourneau, raconte que les Gascons d'autrefois ont inventé le « fast food » (prononcez « faste food ») au coin du feu. La garbure, soupe de choux, pommes de terre et haricots « tarbais », enrichie de viandes diverses (porc mais surtout confit de canard ou d'oie, et, par exemple, les morceaux non nobles, ailerons ou manchons), était modifiée chaque jour au gré de la consommation de la veille ou des prévisions possibles de la journée. La garbure peut être mangée sur un coin de table à la « va-vite » (fast food) ou longuement appréciée (faste food) comme un plat de conversation et de fête, lors d'une tablée à rallonge, dans l'espace et le temps...

La cuisine au feu de bois est une cuisine née aux temps des trois ou quatre générations cohabitant dans la même maison.

Aujourd'hui, tout le monde travaille, mais le temps du loisir grandit. On ne peut pratiquer ce genre de cuisine chaque jour, mais le temps libre, le temps choisi, libère des demi-journées et surtout les envies pour s'adonner à ce sport jouissif : donner la cuisson lente à une bête qui le mérite !

Cela réclame de multiples activités ou compétences. Arroser la viande pour qu'elle ne devienne pas trop sèche, bien sûr. A contrario, il convient de veiller à la chaleur dispen-

Côtes de bœuf grillées ou baron d'agneau à la ficelle, l'auberge « La Croûte de pin » a de quoi vous séduire.

sée par le foyer, donc à la combinaison modulée presque à l'infini des braises, des flammes, de la chaleur réfléchie par la plaque de fonte ou le contre-cœur en brique de l'âtre. En fonction de tous ces paramètres, qui peuvent aussi dépendre de la qualité du bois brûlé, de sa grosseur, de l'humidité de l'air, il faudra régler la distance de la viande par rapport au feu et la vitesse, ou plutôt le rythme de rotation de la bête ou du morceau à rôtir. Pas besoin de mesures savantes, ni de diplôme : tout cela s'apprend par tâtonnements. *C'est en écrivant qu'on devient écriveron*, c'est en étant cuisinée au feu de bois que l'on devient une volaille cuisinière performante, coq ou poulette, sanglier de haute futaie ou perdrix d'élite.

Au goût l'an neuf !

Ainsi ai-je moi-même appris un jour à cuire un porcelet, un jour un marcassin, un jour les grillades. Les grillades sont plus faciles : les braises sont obligatoires, à l'exclusion de toutes flammes ou flammèches, et tout dépend ensuite de la hauteur de grille par rapport aux braises. On trouve même des grilles comme un portefeuille. Elles permettent de retourner saucisses ou entrecôte, voire poisson de fort volume ou collection de sardines, sans en faire tomber une parcelle ou une unité dans l'enfer cuisant ou salissant de la braise ou de la cendre, catastrophe absolue en matière de cuisine au feu de bois.

Ces plaisirs maîtrisés par l'expérience permettent de retrouver des saveurs que la cuisson rapide, la « fast cuisine » de nos générations travaillantes, ou le four, avaient éloignées ou ensevelies dans l'oubli.

La saveur du marcassin ou du cochon cuit dans la cheminée m'était inconnue, car mes parents, dans les années 50, ne cuisinaient pas au feu de bois, synonyme d'arriération, voire de temps de guerre et de privations ! Faites l'expérience, le goût change !

Volailles, oiseaux de rencontre, comme bécasses ou perdrix, ou gigots à la ficelle sont des préparations goûteuses, jubilatoires, en raison du mouvement de rotation infinie imprimé à la viande par la corde tournée comme un ressort d'horloge.

La cuisson à la ficelle consiste en effet à attacher un volatile, un gigot, un filet de bœuf ou de veau, à une ficelle que l'on tourne, que l'on torsade, de manière à lui donner une force de rotation évidemment inverse. On tourne la cordelette dans un sens, permettant un mouvement de rotation qui va se déclencher, dès lors que la viande est suspendue. Ce mouvement de rotation va s'entretenir lui-même par inertie, il suffira de le relancer de temps à autre : le mouvement fait que la viande va tourner dans un sens puis se réenrouler et ainsi de suite. On a inventé le pendule rotatif ! Le gigot ou la volaille cuit à la chaleur irradiante du foyer, de la flamme, ou du mur de braises. Il existe en effet des petits appareils en fonte qui permettent de dresser une sorte de mur de braise. Il faut donc à la fois faire brûler du bois et alimenter ses réserves en braises de manière à ce que l'animal soit bien exposé à la chaleur. La viande cuit ainsi de manière parfaitement homogène. Grâce à la répartition de l'énergie calorique, elle n'est ni brûlée, ni saisie, ni violentée. Évidemment, la cuisson est lente, les parties exposées à la chaleur étant aussitôt exposées à l'extérieur du foyer. C'est l'exemple même de la cuisson non violente : toute la viande est à la fois à la chaleur et hors de la chaleur.

Comble de raffinement, un jus coule. On le recueille dans une assiette ou un plat et il sert à réarroser la viande à la cuillère ou à la petite louche. Autre procédé : on dispose des rôties, c'est-à-dire des tranches de pain épaisses sous la viande. Le jus goutte dessus. On servira bien entendu la volaille ou le gigot sur ces succulentes rôties. On peut également s'adonner aux deux pratiques, le recueil dans un plat aux fins d'arrosage et, en fin de cuisson, le point d'exclamation de la gourmandise avec la tranche de pain de campagne imbibée des ultimes pleurs de la viande rôtie. C'est la version sophistiquée de la bouchée qui « torche » le plat. Il n'est pas sûr que ce soit le comble de la cuisine diététique, le contraire n'est pas certain non plus. Dans le doute, on peut en jouir à l'occasion.

D'autres souvenirs-spectacles marquent ma mémoire. Rituel alimentaire et festif : le tue-cochon, ou la tuaille. Les deux se disent.

Le jour du tue-cochon permet la grillade immédiate d'une pièce de viande fraîche. Le cochon, immobilisé par les hommes, est tué, piqué au cou par la pointe affûtée d'un couteau de boucher. Le sang est recueilli dans une bassine en cuivre, vivement tourné à la cuillère en bois au fur et à mesure qu'il jaillit de l'artère de l'animal. Tout à l'heure les femmes confectionneront le boudin. Elles recueilleront aussi des viandes pour enrichir ce boudin. On lave les tripes dans l'eau bouillante. Chacun assume une fonction, accomplit un geste à un endroit précis. La place ne manque pas autour des constructions disparates, apparemment posées en désordre sur la surface de l'airial, cette clairière si typiquement landaise où les fermes et métairies déploient leurs granges, bergeries, bûcher, poulaillers, étables, potager, maison d'habitation, jusqu'aux limites de la forêt ou d'une parcelle de maïs.

Le feu est allumé en plein air. Un trépied supporte la grande bassine en fonte dans laquelle frissonne le court-bouillon destiné au boudin. Le cochon est mort depuis longtemps, rasé de près, ébouillanté dans cette auge en bois où il est couché, puis ouvert, vidé. Enfin le cochon est dressé, debout contre la grange, par l'homme le plus fort. Il l'a pris sur ses épaules et l'accroche sur un cadre, écorché, ouvert comme un livre. Alors on prélève

Le temps du futile

Pendant la période d'urbanisation de notre espace, pendant les phases de l'exode rural, parfois stimulé par les guerres du XXe siècle, le travail à temps plein nous a fait oublier qu'on pouvait prendre son temps pour cuisiner. Les années industrieuses, les années boulot-dodo-congés payés, ont compressé le temps passé en cuisine.

Nous allons vers une occupation différente du temps. Celui qui est consacré au travail « utile » (à la production minimale de biens matériels) est en diminution. Par contre, le temps des activités multiples et « gratuites » (non salariées) de l'individu est en croissance constante. Dont le temps consacré au potager éventuel, ou au marché, à la recherche de produits de qualité, de saveurs authentiques, bref, le temps du plaisir que l'on considérait comme « inutile » voire « futile », voire réservé aux « privilégiés » et aux « oisifs », ce temps du plaisir est à cueillir et à conquérir par toutes et tous.

D'où l'importance récente, parfois contradictoire avec l'authenticité, accordée par les sociétés développées aux questions de l'hygiène, de la propreté, de la traçabilité de la nourriture. Les événements qui demeureront sans doute du passage d'un siècle à l'autre seront liés à l'alimentation (non pas à la faim dans le monde, qui demeure pourtant une réalité !) : vache folle, dioxine dans les volailles, contaminations diverses, bactéries et « mal-bouffe », plantes au patrimoine génétique modifié...

En même temps, la consommation de nourriture industrielle augmente, mais le retour du temps plaisir aux fourneaux compense cette frénésie du « prêt-à-manger », et avec elle le « packaging », le label pas toujours franc et sincère, la marque-marketing.

Des odeurs de cuisine au feu de bois flottent dans nos désirs urbains ou néo-ruraux afin de combattre cette pente vertigineuse de la mal-bouffe consentie.

La futilité était sortie de nos vies. Elle est en train d'y fêter son retour. Le temps du repos, le temps des plaisirs, vont se mêler et mêler le jeu et la subsistance jouissive.

la « grillade » ; dans les boucheries du Sud-Ouest, on dira la « levure », pièce de viande à gros filaments longs. La viande est fraîche, elle n'a pas rassis, et on la teste sur la braise d'un foyer situé à côté du fourneau de plein air où bouillonnent les légumes et les herbes du boudin à venir.

J'ai le souvenir d'hommes debout, les jambes écartées, dans le matin un peu brumeux des Landes, entre Noël et le jour de l'An (moment rêvé pour tuer le cochon, car le froid vif garde la viande saine). La buée s'échappe des lèvres, les verres de blanc se remplissent. On a jeté la vessie de l'animal sur le toit d'une bergerie : « Pour la mésange ! » Puis on coupe le pain et on goûte la viande, cette première grillade cuite au feu de bois. On parle fort des merles, des grives, du gibier, du bois, des parcelles inondées. C'est l'instant banal du « casse-croûte » partagé sur tous les chantiers du monde, et en même temps une sorte de réminiscence d'un sacrifice païen, un désir de consulter les augures dans le ventre et les chairs d'un animal immolé.

La journée se poursuit par un long repas, déjà en route, et sur lequel veille une grand-mère.

Braise-moi

L'un des meilleurs moyens pour réunir la famille (il n'y a pas que la piscine, mordious !), c'est évidemment le feu, la grillade.

Ça peut être une volaille grillée à la crapaudine (un poulet coupé en 4 ou en 8) et, dans ce cas, il faudra bien sûr davantage de braise que pour une escalope de veau. Ça peut être un rôti, type marcassin, porcelet… On peut tout faire rôtir et griller, et notamment le poisson. On a tous entendu parler au bord de la Méditerranée des loups grillés, des rougets de roche grillés, des bars ou des dorades grillés, etc. Sur les rives de l'Atlantique, l'emblématique sardine de Douarnenez ou de Saint-Jean-de-Luz, grillée par bri-

Viandes, **volailles,** poissons ou *légumes…*
La **cheminée** ne demande qu'à les **accueillir**
pour votre **bonheur.** À vos broches !

Rien de plus simple et de plus délicieux qu'un beau saumon à la broche.

gades de douze et sur la braise, réconcilie avec l'animal argenté. Hélas, les sardines à la poêle empestent tellement dans un appartement urbain, voire une maison de campagne, qu'il vaut mieux les cuire en plein air. Ces sardines grillées sur la braise et servies avec un filet d'huile d'olive sont un des plaisirs les plus extraordinaires du feu de bois et de la dégustation au doigt et aux lèvres ! Les autres poissons à griller seront bourrés de fenouil ou d'oseille ou d'herbes diverses. Et toujours le filet d'huile d'olive et le gros sel dans l'assiette.

Certes le poisson en barquette, en cube, en plaquette, nature ou pané, ce poisson-là a de beaux jours devant lui, traité sur les lieux de pêche par des bateaux-usines congélateurs flottants entre les glaçons des banquises de l'Atlantique nord… Mais on assiste au retour du vrai poisson avec sa forme de poisson, sa peau, ses écailles, sa queue, ses arêtes, son odeur sinon son goût… Un retour du poisson de « petit bateau », celui qui, pêché de la nuit ou de la veille, atterrit sur votre gril. Car griller un poisson n'a de sens que s'il est frais pêché. Celui-là n'a pas le même goût que le poisson qui arrive de Norvège ou d'Écosse, sur glace et dans des conditions d'hygiène parfaite, quinze jours après avoir été sorti de l'Atlantique par un chalut gigantesque. Le citron ou la sauce lui donneront un goût agréable, mais qui ne sera pas celui de l'océan. Au feu de bois, votre pêche ou celle du poissonnier ami et de confiance aura le goût du large et la fermeté d'une chair saisie et resserrée.

Le feu prend son temps

Dans la cheminée, sur la flamme ou les braises, rôtis et grillades ne sont pas seuls à régner. Les brochettes, derrière leur côté « cliché », sont inépuisables de variété. On peut leur imaginer toutes les identités combinées. Volailles, porc, agneau, bœuf, viande ou abats, tout peut s'associer avec des légumes ou des

Crétois et mange !

Voilà bien une cuisine et une alimentation conformes en tous points à ce fameux régime crétois qui combine le poisson, le fromage et les courgettes, les aubergines, les oignons, les féculents et le filet d'huile d'olive : ainsi recule le spectre de la maladie cardio-vasculaire. En version franco-gasconne ou franco-provençale, le régime crétois est enrichi de canard, confit ou magret grillé sur sa peau (encore un standard de luxe de la cuisine au feu de bois, mais à la portée de tous !), ou d'agneau grillé, selle, baron ou côtelettes en escouade légère.

parures : tomates, oignons, poivrons alternés. Vous n'inventez pas seulement une suite de saveurs sur la brochette, mais vous dessinez une palette de couleurs. La seule difficulté est que certaines viandes cuisent plus vite que d'autres. Il faut donc respecter l'harmonie des cuissons.

Quant au mijotage au feu de bois, il peut sembler qu'il ne présente aucun avantage par rapport au mijotage sur le gaz ou l'électricité. Où est la différence entre un mijotage dans la cheminée et un mijotage sur la plaque à induction, ou sur la flamme du gaz ou une simple plaque électrique ?

Le plaisir d'abord. Car le mijotage d'une daube, d'un bœuf bourguignon, d'une marinade, d'un civet ou d'une soupe au chou peut se conduire aussi bien – gustativement parlant – sur des plaques « modernes ». Mais la cuisine dans la cheminée change le rythme de la cuisson et modifie la fusion des saveurs, des parfums associés par les différentes composantes d'une riche soupe ou d'une daube. Dans la cheminée, l'immense marmite mijote longtemps et lentement au coin du feu. La cuisine au feu de bois permet de retrouver cette habitude qui consiste à oublier une marmite au coin des chenets : elle continue à cuire très lentement à des températures basses, inférieures à cent degrés.

Tous les mijotages nécessitent des cuissons longues et des recuissons éventuelles le lendemain : la cheminée est leur lieu d'excellence.

La daube peut cuire en 4 heures à la cocotte-minute, mais elle n'aura pas le même intérêt ni le même goût que sa sœur aînée cuite 4 heures un jour, oubliée puis recuite le lendemain et mijotée pendant deux ou trois autres jours. On peut certes procéder ainsi sur des plaques de cuisson moderne, mais outre que le faitout immobilise pendant quatre jours une des trois ou quatre sources de chaleur, on

Bouillabaisse ou brochettes, l'essentiel reste l'amitié.

ne pense pas forcément à rallumer sous la daube, on oublie, on se dit que c'est inutile, bref, on manque de motivations pour réussir une vraie daube à l'ancienne sur les cuisinières que la technologie électronique propose...

Les désirs sont plus harmonisés si la daube naît dans sa cocotte en fonte, dans la cheminée, en hiver, et que l'accouchement dure plusieurs jours. On est en vacances à la campagne avec les enfants et les petits-enfants, ou seul, on attend amis et tribu familiale : la daube est confectionnée, assemblée, le premier jour, puis oubliée au coin du feu, deux, trois ou quatre jours. Le cinquième jour, elle sera une daube comme jamais personne n'en a mangé. Le plaisir de disputer entre amis sur la meilleure façon d'assembler la daube, d'y ajouter ou non le zeste d'orange de la daube provençale, ou les carottes bannies dans certaines régions, ou de choisir le vin de la marinade et celui qu'on débouche pour le repas ! Sans parler du choix controversé des morceaux de viande du boucher, ce qui entraînera forcément un échange à propos de la bouchère, femme énergique qui etc.

Et les légumes à la cheminée ? Les pommes de terre « sous la cendre » viennent en tête des sondages ! À juste titre, puisque la chair du tubercule sera, à la chaleur lente d'une che-

La cuisson au **feu de bois** est toujours synonyme de **détente,** de **loisir** et d'***amitié.***

minée, cuite sans violence, et d'autant plus moelleuse en bouche. Il convient d'abord de bien choisir sa variété de pommes de terre : les belles de Fontenay, les charlottes, les pompadours, ces variétés actuelles, très goûteuses, s'imposent, mais on essayera avec intérêt les fameuses rattes au goût de noisette, dont l'usage précieux n'est pas réservé à la purée écrasée à la fourchette, ou la vitelotte, pomme de terre violette presque noire, dont le goût et l'aspect seront une surprise.

En chemise ?

Faut-il les mettre, à la lettre, « sous la cendre » ou bien les enrober dans un papier d'aluminium ? Chacun voit midi à sa porte, mais, il se trouve rarement dans nos cheminées, qui ne turbinent plus 24 heures sur 24, une épaisseur suffisante de cendres chaudes pour assurer la cuisson d'une belle garniture de pommes de terre. Le plus simple aujourd'hui est de les enrober avec du papier alu. Cet auxiliaire culinaire, facile à manier, assure une cuisson uniforme du tubercule et sa propreté parfaite au moment du service. On déshabillera la pomme de terre cuite ainsi au dernier moment, et les convives devront la peler eux-mêmes dans l'assiette. Toutes les saveurs sont ainsi conservées et mêlées le plus longtemps possible.

D'autres légumes au feu de bois : l'ail cuit sur la braise dans sa peau (on dit « dans sa chemise ») donnera une petite gousse d'ail presque confite, laquelle sera alternée sur l'axe de la brochette avec une viande à cuisson longue, porc ou bœuf mariné.

Hors les pommes de terre « sous la cendre » ou les brochettes d'été, le légume est surtout traité en soupe mijotée. Ainsi vont le chou, la carotte, la pomme de terre, l'oignon, le céleri branche, le poireau, la citrouille ou potiron, le haricot sec ou frais, le pois chiche, etc.

Une grande précaution : organiser l'entrée de chaque légume dans le bouillon en fonction de sa durée de cuisson. Certains chefs

de cuisine placent chaque groupe de légumes dans un sachet de gaze différent, lié, et les retirent dès que le poireau, la carotte, la pomme de terre, sont cuits, puis les dressent au service après qu'ils ont repassé au bouillon. Ainsi on évite la sempiternelle présentation avachie des pommes en charpie, des carottes molles, des poireaux effilochés... Mais on peut au contraire apprécier les garnitures de légumes presque fondus et mêlés dans le bouillon. La garbure, cette vieille providence des maisons gasconnes et pyrénéennes, aujourd'hui plat de fête et presque de luxe si l'on soigne la qualité des confits de viande, sera confectionnée en quatre ou cinq jours. On ajoute tous les matins des légumes différents : la carotte nécessite une cuisson plus longue que la pomme de terre, le chou appelle la fusion dans la soupe. Il est au bouillon dès son commencement après qu'il a été blanchi.

Le feu de bois, la cheminée, le brasier en plein air, parfois à demi enterré dans une fosse au-dessus de laquelle dore lentement l'agneau du « méchoui » traditionnel, tout cela se prête admirablement à tous les jeux, à toutes les inventions, à tous les défis. Ainsi, j'ai essayé autrefois, par défi, l'œuf à la broche sur la braise. Percée aux deux bouts, la coquille est tenue de manière à ce que l'œuf ne se vide pas. On l'enfile sur un fin cordon métallique, un rayon de vélo ou une corde à piano et on le maintient quelques minutes au-dessus de la braise. Le blanc de l'œuf coagule vite : à calculer sans essais comparatifs qui épuisent la patience ! Voilà une activité purement ludique et qui donne un goût de fumet préhistorique à l'œuf et à notre existence !

Plus sérieusement, on grille des tartines de pain au feu de bois. Le goût du sarment ou des braises de la nuit fume différemment les toasts du petit-déjeuner que le gril du four ou tel « toaster » automatique. On prépare aussi du « pain perdu », que l'on cuit dans une de ces poêles noires, nettoyées au papier journal avant usage, huilées ou beurrées, avec lait et cassonade. Ce pain perdu-là aura un goût de guerre, un goût de restriction, un goût de campagne avant l'électricité.

Manger n'est pas tout, il convient aussi de rincer et d'humecter le gosier, et le palais, la langue avant lui, de développer leur aptitude à reconnaître et goûter les variables du vin. Or le vin, pour être au mieux de sa forme, doit être « à température ». La chaleur d'une cheminée peut être utilisée pour « chambrer » le vin, le porter, après sa sortie de cave, à la température de la « chambre », nom donné, au Moyen Âge, aux pièces d'habitation d'une maison. La tradition veut que la température idéale soit entre 16 ° et 18 °C pour les bordeaux, pas plus de 16 °C pour les bourgognes, et plus frais pour les vins blancs, mais pas

Manger n'est pas tout, il convient aussi de **rincer** et d'***humecter*** le palais.

trop, car un vin ne s'ouvre, ne déploie tous ses charmes et ses composantes qu'au-dessus de 14 °C. Le froid tue les saveurs et les parfums.

On peut imaginer de chambrer une bonne bouteille dans une cheminée non tonitruante, à chaleur très lente. Ainsi, lorsqu'on grille des viandes sur les braises, la chaleur n'est pas trop élevée et l'on peut chambrer le bordeaux ou le madiran dans la cheminée (le plus loin possible du foyer lui-même).

Le plus agréable, au moment où l'on discutaille devant la cheminée pendant la grillade ou la cuisson lente d'une volaille ou d'un gibier, me paraît celui où s'ouvre la bouteille de blanc frais, modeste, un vin de pays sans complication, un colombard gascon ou marsanne de Saint-Joseph, un de ces vins « à boire maintenant » comme disent les amateurs exigeants qui ne veulent pas décevoir leur hôte. Il y a là un mariage d'énergie (la chaleur du foyer) et de saveur fraîche (le vin blanc) qui produit une chaîne d'effets agréables que l'on peut par ailleurs agrémenter de quelques tranches de ventrêche grillée croquées du bout des doigts et des lèvres.

Les recettes

Comme au rugby, il y a des « fondamentaux » de la cuisine au feu de bois. Voici donc quelques conseils pratiques et des recettes concoctées par Caroline Darbonne.

Comment allumer le feu ?

La cheminée doit être propre, débarrassée des anciennes cendres. Faites des boules de papier-journal pour commencer le feu. Évitez le papier glacé des revues, qui prend mal.

Au-dessus du papier journal, entassez des brindilles ou du petit bois sec en cône sans trop tasser. Posez les bûches sur les chenets pour que l'air circule et favorise le tirage. Surveillez les bûches pour avoir de bonnes braises qui détermineront la réussite de votre plat.

Préparez la cuisson

Allumez la cheminée une demi-heure avant de cuire les aliments. Ce ne sont pas les flammes qui cuisent mais la chaleur dégagée par les braises. N'hésitez pas à éloigner le gril des braises car la cuisson lente conserve les arômes, alors qu'une saisie rapide brûlerait la surface à griller et ne cuirait pas le centre.

Les accessoires

Les allumettes géantes ne sont pas un gadget : elles permettent d'enflammer sans risque plusieurs endroits du papier journal.

Le valet à côté de la cheminée reste très pratique pour supporter balayette, pinces à bûches, soufflet et tisonnier. Ce dernier permet de remuer les braises pour attiser le feu et rendre la cuisson optimale.

Les chenets servent à rehausser les bûches afin de laisser passer l'air et favoriser une bonne combustion.

Ils soutiennent le gril en fonte ou en métal sur lequel reposent les préparations à griller.

Pour la cuisson du poisson, des brochettes, des petits morceaux de viande ou de légumes, utilisez une **double grille en inox** ou en métal qui « emprisonne » les morceaux et leur évitent de tomber dans les braises. On trouve toutes sortes de grilles dans les jardineries, magasins de bricolage ou fournisseurs d'accessoires de cheminée.

La cocotte en fonte est indispensable pour mitonner de bon petits plats, à la cheminée comme à la cuisine. Elle peut remplacer la daubière en terre cuite ou en fonte, à la forme de casserole, qui a donné son nom au plat exquis qui cuit et recuit pendant des heures : la daube.

Le diable se compose de deux caquelons en terre cuite renversés l'un sur l'autre. On y cuit à merveille les pommes de terre dans leur peau, les oignons, les châtaignes.

La broche sert à embrocher les volailles. Vous pouvez utiliser la traditionnelle broche nickelée de votre four. Elle peut aussi faire partie d'un tournebroche en métal ou en inox que l'on installe devant les flammes. La pièce à rôtir est ainsi dorée de toutes parts.

N'oubliez pas le **papier d'aluminium**, ami des papillotes. Elles doivent être fermées hermétiquement pour favoriser une cuisson à l'étouffée et empêcher les cendres d'atteindre l'intérieur.

Avant de griller

Sortez les aliments une heure à l'avance du réfrigérateur pour qu'ils soient à température ambiante. Une viande froide que l'on dispose sur le gril reste ferme après la cuisson. Laissez les écailles des poissons : elles les protègent et gardent leur moelleux.

La marinade est indispensable à l'obtention d'une grillade parfaite. Elle favorise le goût et accentue la saveur des mets.

Il est conseillé d'éponger les marinades plutôt liquides avec de l'essuie-tout avant de mettre vos pièces de viandes ou de poisson sur le gril. Après quelques minutes de cuisson, appliquez à l'aide d'un pinceau de la marinade fraîche pour arroser vos grillades.

Salez très peu la marinade, car le sel fait dégorger et durcit les préparations.

Pour une bonne marinade

Mélangez les ingrédients qui vous viennent à l'esprit et à la bouche : herbes aromatiques, épices, moutarde, yaourt, huile d'olive, sauce de soja, jus de citron, poivre du moulin… Le choix est large.

Laissez mariner les mets à température ambiante une à deux heures. Les gros morceaux peuvent mariner vingt-quatre heures. Les viandes et les poissons congelés peuvent être marinés à moitié décongelés.

Si vous avez oublié de faire mariner viande, volaille ou poisson ou que vous manquez de temps, roulez les aliments dans un mélange d'épices, d'herbes et d'huile ou de vin blanc. Tapotez-les pour enlever l'excédent avant de les mettre sur le gril.

Idées de marinades

◗ **Marinade aux herbes :** pour la viande de bœuf, de porc, d'agneau, la volaille, le poisson.

2 cuillerées à soupe de moutarde forte

4 cuillerées à soupe d'olive

2 cuillerées à soupe de thym ou de romarin

2 cuillerées à soupe d'échalote

poivre du moulin

◗ **Marinade à la moutarde et au yaourt :** pour la viande de veau et d'agneau, la volaille, le poisson et les fruits de mer.

I pot de yaourt nature

3 cuillerées de moutarde à l'estragon

poivre du moulin

◗ **Marinade au curry :** pour la viande de veau, de porc et d'agneau, la volaille et les fruits de mer.

2 cuillerées à soupe de moutarde forte

4 cuillerées à soupe d'huile de sésame (rayon exotique du magasin)

1 cuillerée à soupe de sauce de soja

1 cuillerée à soupe de poudre de curry

2 cuillerées à soupe de coriandre

◗ **Marinade aigre-douce :** pour la viande de porc et la volaille.

2 cuillerées à soupe de moutarde forte

1 cuillerée à soupe de concentré de tomates

2 cuillerées à soupe de miel liquide

2 cuillerées à soupe d'huile d'olive

2 cuillerées à soupe de jus d'ananas

2 cuillerées à soupe de coriandre

Pour une bonne cuisson et afin que les aliments ne collent pas, enduisez le gril d'huile végétale avant toute utilisation. Toujours pour vous faciliter la vie, nettoyez le gril dès qu'il a refroidi. Le lendemain, ce sera bien plus difficile.

Les grillades se retournent à l'aide de pinces ou de spatules afin de ne pas piquer la viande car du jus précieux s'en écoulerait.

À la fin de la cuisson d'un rôti, poulet ou morceau similaire, recouvrez la viande d'une feuille d'aluminium et laissez-la reposer quelques minutes pour permettre une bonne répartition des jus à l'intérieur.

Un vrai moment de gourmandise vous attend...

Vous pouvez réaliser toutes ces recettes dans votre cheminée, sur votre barbecue ou dans votre four à température moyenne (th° 4-5). Réduisez alors le temps de cuisson de 20 minutes environ.

La « salamandre » est devenue un poêle à combustion lente, ou, par extension, un lieu de chauffe en grande cuisine où l'on maintient les plats de service à température avant dressage ou juste avant le passage en salle. Mais la salamandre est d'abord un animal vivipare amphibien noir, ou noir taché de jaune, qui a la réputation de résister au feu et de passer entre les flammes. L'animal crache des flammes comme un dragon de légende. La salamandre fut l'emblème de François Ier, et elle se retrouve dans les armoiries du Havre, le port normand fondé par ce roi. On retrouve beaucoup de ces salamandres sculptées ou moulées en ronde-bosse sur des plaques de cheminées dans les châteaux de la Loire, et jusque dans des catalogues contemporains.

Soupe au Lard

Pour 4 personnes
Préparation : 15 min
Cuisson : 1 h 10

Marché : ◗ 1 gros oignon ◗ 3 carottes ◗ 1 branche de céleri ◗ 2 poireaux ◗ 2 navets ◗ 1/2 chou frisé ◗ 3 pommes de terre ◗ 1 cuillerée de saindoux ◗ 4 tranches épaisses de lard fumé ◗ 4 tranches de pain de campagne grillées ◗ 4 tranches de tomme de Savoie ◗ 1 cuillerée à café de gros sel

◗ Préparez vos braises. ◗ Coupez les légumes en morceaux. ◗ Gardez les morceaux de pommes de terre à part dans un peu d'eau. ◗ Mettez le saindoux et le lard dans une cocotte. ◗ Déposez celle-ci sur la grille, lorsque les braises sont bien chaudes. ◗ Faites suer pendant 10 min. Ajoutez les légumes. ◗ Recouvrez largement d'eau. ◗ À ébullition, ajoutez les pommes de terre et le gros sel. ◗ Laissez cuire 1 h. ◗ Servez la soupe avec une tranche de pain et une tranche de tomme pour chaque assiette.

Brochettes Océanes

Pour 4 personnes
Préparation : 15 min
Cuisson : 10 min

Marché : ◗ 500 g de thon blanc ◗ 12 gambas ◗ 8 noix de Saint-Jacques ◗ 1 barquette de tomates cerises ◗ 2 citrons verts ◗ 3 cuillerées à soupe d'huile d'olive ◗ 3 cuillerées à soupe d'herbes de Provence ◗ 2 cuillerées à soupe d'aneth ◗ Sel, poivre du moulin

◗ Mettez les herbes dans l'huile avec sel et poivre. ◗ Détaillez le thon en cubes. ◗ Coupez les citrons. Répartissez le poisson sur les brochettes avec les noix de Saint-Jacques, les gambas, les morceaux de citron et les tomates cerises. ◗ Déposez les brochettes dans un plat, arrosez-les de l'huile préparée. ◗ Laissez mariner 1 heure. ◗ Faites griller les brochettes sur des braises très rougeoyantes environ 10 min, en prenant soin de les tourner fréquemment. ◗ Servez avec un riz ou une simple salade verte. ◗ Vous pouvez accompagner vos brochettes d'un coulis de tomate ou d'une sauce tartare.

Dorades au Fenouil

Pour 4 personnes
Préparation : 30 min
Cuisson : 20 min

Marché : ◗ 2 dorades de 600 g ◗ 1 bouquet de fenouil sauvage frais ◗ 2 cuillerées à soupe de graines de fenouil ◗ 2 kg de petites pommes de terre ◗ 3 citrons pressés ◗ 2 dl d'huile d'olive ◗ Sel, poivre du moulin

◗ Préparez les braises. ◗ Écaillez et videz les dorades. Salez et poivrez, frottez-les avec les graines de fenouil. ◗ Imprégnez-les à l'intérieur et à l'extérieur du mélange jus de citron et huile d'olive. ◗ Lavez et cuisez à la vapeur les pommes de terre dans leur peau (10 min dans l'autocuiseur). ◗ Déposez un lit de fenouil sur les braises. ◗ Posez une grille et installez les dorades dessus. ◗ Faites griller les poissons 5 min de chaque côté. ◗ Levez les filets. ◗ Disposez sur les assiettes. ◗ Décorez de rondelles de citron. ◗ Arrosez de jus de citron et d'huile d'olive. ◗ Servez avec les pommes de terre.

Écrevisses au Chablis

Pour 4 personnes
Préparation : 15 min
Cuisson : 1 h

Marché : ◗ 1 kg d'écrevisses ◗ 1 bouteille de chablis ◗ Quelques branches de thym ◗ 3 feuilles de laurier ◗ 25 cl de crème fraîche ◗ 1 bouquet de cerfeuil frais ◗ Gros sel ◗ Poivre en grains ◗ Poivre du moulin

◗ Préparez des braises vives. ◗ Déposez le fait-tout sur la grille. ◗ Versez le vin, ajoutez un volume d'eau, du gros sel et du poivre en grains, quelques brins de thym et le laurier. ◗ Portez à ébullition et faites cuire pendant 30 min. ◗ Lavez et égouttez les écrevisses. ◗ Jetez-les dans le court-bouillon en pleine ébullition et laissez cuire à découvert 15 min environ. ◗ Égouttez les écrevisses avec une écumoire et mettez-les dans un grand plat creux chaud. ◗ Remettez le fait-tout sur le feu. ◗ Ajoutez la crème fraîche et mélangez. ◗ Faites réduire cette sauce pendant 10 min. ◗ Goûtez et rectifiez l'assaisonnement, qui doit être bien relevé. ◗ Versez la sauce sur les écrevisses et mélangez rapidement. ◗ Ciselez des pluches de cerfeuil et ajoutez-les. ◗ Poivrez et servez.

Thon Grillé à l'Unilatérale

Pour 4 personnes
Préparation : 5 min
Cuisson : 10 min

Marché : ◗ 2 tranches de thon de 400 g ◗ 1 cuillerée à soupe d'herbes de Provence ◗ 100 g de beurre demi-sel ◗ Poivre du moulin

◗ Préparez de belles braises très rougeoyantes.
◗ Poivrez le thon. ◗ Posez les tranches sur la grille et déposez-les sur les braises chaudes. ◗ Laissez-les cuire 5 min selon leur épaisseur. ◗ Pendant ce temps, mettez un plat à gratin à chauffer près des braises.
◗ Déposez le beurre au fond du plat chaud et mettez les tranches de thon côté cru dans le beurre frémissant. ◗ Servez aussitôt.

Cailles de Vigne Rôties

Pour 4 personnes
Préparation : 30 min
Cuisson : 10 min

Marché : ◗ 4 cailles vidées ◗ 1 douzaine de grains de raisin vert ◗ 4 fines bardes de lard ◗ 8 tranches de pain légèrement rassis ◗ Sel, poivre du moulin

◗ Préparez les braises. ◗ Salez et poivrez l'intérieur des cailles et introduisez les grains de raisins. ◗ Bardez-les et ficelez-les. ◗ Faites griller légèrement les tranches de pain. ◗ Embrochez les cailles et faites-les rôtir devant le feu assez vif en posant dessous un plat contenant les tranches de pain. ◗ Faites tourner de temps en temps les cailles pour qu'elles cuisent uniformément. ◗ Le jus de cuisson doit imbiber les tranches de pain. ◗ Débrochez les cailles et posez-les chacune sur une tranche de pain. ◗ Servez bien chaud.

Civet de Canette au Vin

Pour 6 personnes
Préparation : 5 min
Cuisson : 2 h 30

Marché : ◗ 1 canette de Barbarie fermière de 1,8 kg ◗ 200 g de lardons fumés ◗ 1 bouteille de vin rouge corsé ◗ 1/2 l d'eau ◗ 1 verre à liqueur d'armagnac ◗ 3 grains de genièvre ◗ 1 bouquet garni ◗ 250 g de champignons de Paris ◗ 100 g de petits oignons ◗ 20 g de beurre ◗ 1 cuillerée à soupe de graisse de canard ◗ Sel, poivre du moulin

◗ Préparez le feu pour obtenir de belles braises sans flammes. ◗ Déposez votre cocotte sur la grille. ◗ Faites revenir les lardons dans un peu de beurre, puis les champignons et les oignons. ◗ Réservez. ◗ Coupez la canette en six morceaux. ◗ Dans la cocotte, dorez les morceaux dans la graisse de canard. ◗ Flambez à l'armagnac puis ajoutez le vin, l'eau, le genièvre et le bouquet garni. ◗ Salez et poivrez. ◗ Portez à ébullition. ◗ Couvrez et laissez mijoter pendant 2 h. ◗ Une heure avant la fin de la cuisson, incorporez les lardons, les champignons et les oignons. ◗ Servez avec des pâtes fraîches ou des petits pois frais.

Coq au Cidre

Pour 8 personnes
Préparation : 40 min
Cuisson : 3 h 30

Marché : ◗ 1 coq fermier de 3 kg ◗ 3 bouteilles de cidre brut ◗ 6 cuillerées à soupe de calvados ◗ 500 g de lardons fumés ◗ 200 g de trompettes-de-la-mort séchées ◗ 500 g de champignons de Paris ◗ 3 gousses d'ail, 2 gros oignons ◗ 8 clous de girofle, 1 bouquet garni, 4 carottes ◗ 150 g de farine ◗ 150 g de beurre, 130 g de margarine ◗ 6 cuillerées à soupe d'huile ◗ Sel, poivre du moulin

◗ Préparez de belles braises rougeoyantes qui vont durer toute la cuisson. ◗ Découpez le coq en morceaux et mettez de côté les morceaux nobles.
◗ Pour le fond de sauce : prenez la carcasse, les ailerons, le cou et la tête et coupez-les en petits morceaux. ◗ Déposez la cocotte sur la grille. ◗ Faites-les revenir dans 3 cuillerées à soupe d'huile et 50 g de margarine. ◗ Faites dorer les oignons coupés en quatre et piqués avec des clous de girofle, les carottes, le bouquet et l'ail. ◗ Une fois les morceaux dorés, ajoutez le cidre. ◗ Salez et poivrez et faites cuire 1 h. ◗ Passez le mélange et récupérez le fond de sauce que vous remettrez dans la cocotte vidée.
◗ Pour la préparation du coq : faites gonfler les trompettes dans l'eau pendant 15 min. ◗ Nettoyez les champignons de Paris et coupez-les en quatre.
◗ Faites revenir les morceaux nobles du coq dans une grande poêle avec 50 g de margarine et 3 cuillerées à soupe d'huile jusqu'à ce qu'ils soient bien dorés.
◗ Faites-les flamber au calvados. ◗ Retirez les morceaux de coq et ajoutez-les au fond de sauce dans la cocotte. ◗ Reprenez la poêle et faites revenir dans 30 g de margarine les champignons et les trompettes. ◗ Versez le contenu de la poêle dans la cocotte. ◗ Mettez-la sur les braises. ◗ Mélangez le beurre légèrement fondu à la farine et versez doucement dans la cocotte tout en remuant. ◗ Salez et poivrez. ◗ Cuisez 2 h 30. ◗ Servez avec des pommes de terre vapeur.

Côte de Bœuf Grillée

Pour 4 personnes
Préparation : 5 min
Marinade : 1 h
Cuisson : 5 à 8 min

Marché : ◗ 1 côte de bœuf de 1,2 kg environ (bardée ou non) ◗ 1 cuillerée à soupe de romarin ◗ 3 cuillerées à soupe d'huile d'olive ◗ 1 oignon moyen ◗ Sel, poivre du moulin

◗ Préparez de bonnes braises très rougeoyantes.
◗ Épluchez et coupez finement l'oignon. ◗ Mélangez l'huile, le romarin et l'oignon. ◗ Salez et poivrez.
◗ Faites mariner pendant 1 h la viande dans ce mélange. ◗ Déposez la côte sur la grille, sur les braises bien chaudes. ◗ Faites-la griller 5 à 8 min selon l'épaisseur de la côte et votre goût.
◗ Accompagnez de demi-tomates grillées, de pommes de terre en papillote et d'une sauce au vin.

Daube de Bœuf

Pour 6 personnes
Préparation : 30 min
Cuisson : 6 h sur 2 jours
Marinade : 24 h

Marché : ◗ 1,5 kg de bœuf à braiser ◗ 1 pied-de-veau fendu en deux ◗ 1 couenne de lard ◗ 150 g de lardons fumés ◗ 4 échalotes, 3 gousses d'ail ◗ 1 oignon piqué de 2 clous de girofle ◗ 5 carottes ◗ 1 bouquet garni ◗ 5 cuillerées à soupe d'huile d'olive ◗ 1 l de vin rouge ◗ 1 cuillerée à soupe de vinaigre ◗ 8 graines de coriandre ◗ Sel, poivre du moulin

◗ Coupez la viande en cubes. ◗ Déposez ceux-ci dans une terrine avec 1 carotte pelée, l'oignon, l'ail écrasé, le bouquet, la coriandre, le vin, le vinaigre et 2 cuillerées à soupe d'huile. ◗ Laissez mariner 24 h. ◗ Le lendemain, mettez le pied-de-veau dans l'eau froide, portez à ébullition 5 min. ◗ Rincez le pied-de-veau. ◗ Ébouillantez la couenne, séchez-la. ◗ Égouttez la viande en gardant la marinade. ◗ Préparez de belles braises très rougeoyantes avec une charge suffisante, pour que le feu soit alimenté pendant 4 h. Quand les braises sont bien chaudes, déposez votre cocotte sur la grille. ◗ Mettez le reste d'huile, dorez la viande. ◗ Rissolez les lardons, les échalotes et les 4 carottes émincées. ◗ Tapissez le fond de la cocotte avec la couenne. ◗ Répartissez la viande, les lardons, les échalotes et les carottes. ◗ Ajoutez le pied-de-veau, la marinade et 1 cuillerée à soupe de poivre. ◗ Salez. ◗ Portez à ébullition. ◗ Couvrez et cuisez 3 heures sur les braises. ◗ Le lendemain, refaites cuire à la cheminée pendant 3 h. ◗ Servez bien chaud.

Garbure

Pour 6 personnes
Préparation : 20 min
Cuisson : 3 h
Attente : 1 nuit

Marché : ◗ 1 talon de jambon de Bayonne ◗ 400 g de haricots secs tarbais ◗ 1 kg de pommes de terre ◗ 1 beau chou ◗ 1 tête d'ail ◗ 1 petit piment d'Espelette ◗ 1 pincée d'anis vert

◗ Faites tremper les haricots à l'eau froide pendant une nuit. ◗ Préparez vos braises. ◗ Égouttez les haricots. ◗ Dans une grande cocotte, mettez 4 litres d'eau et le talon de jambon. ◗ Déposez la cocotte sur la grille au-dessus des braises bien chaudes.
◗ Laisser cuire 1 h 30 à petits bouillons. ◗ Ajoutez les haricots, l'anis et le piment. ◗ Laissez cuire à nouveau 1 h 30. ◗ Pendant ce temps, taillez grossièrement les pommes de terre et les feuilles de chou après avoir ôté les côtes. ◗ Plongez le chou dans l'eau bouillante 2 min et réservez-le. ◗ Ajoutez les pommes de terre et salez. ◗ Quand elles commencent à se défaire, mettez le chou puis l'ail. ◗ Retirez le talon de jambon, désossez-le et taillez-le en morceaux. ◗ Mixez la garbure en purée avec un peu de gras de jambon.
◗ Incorporez le jambon à la garbure et servez bien chaud. ◗ Vous pouvez ajouter des grosses saucisses et vous aurez un repas complet.

Gigot d'Agneau à la Broche

Pour 6 personnes
Préparation : 15 min
Cuisson : 1 h

Marché : ◗ 1 gigot d'agneau de 2 kg ◗ 2 ou 3 gousses d'ail ◗ 2 cuillerées à soupe d'huile d'olive ◗ Romarin, sarriette, thym séché ◗ 1 crépine très mince assez grande pour envelopper le gigot ◗ Sel, poivre du moulin

◗ Préparez un feu vif dans la cheminée. ◗ Pendant ce temps, préparez le gigot. ◗ Piquez-le d'ail, badigeonnez-le d'huile et enrobez-le d'herbes sèches. ◗ Salez et poivrez. ◗ Enveloppez le gigot d'une crépine pour pouvoir maintenir les herbes en place. ◗ Embrochez le gigot et faites cuire pendant 1 h. ◗ Tournez-le tout au long de la cuisson. ◗ 5 min avant la fin de la cuisson, enlevez la crépine et rapprochez le gigot des braises pour le faire dorer. ◗ Servez avec des tomates à la provençale et des haricots verts.

Mixed Gril

Pour 8 personnes
Préparation : 20 min
Cuisson : 25 min

Marché : ◗ 8 côtes d'agneau ◗ 4 chipolatas ◗ 4 merguez ◗ 8 gros champignons de Paris ◗ 1 poivron rouge ◗ 1 belle aubergine ◗ 2 courgettes ◗ 1 cuillerée à soupe d'huile d'olive ◗ 4 cuillerées à soupe d'herbes de Provence ◗ Sel, poivre du moulin

◗ Préparez de belles braises rougeoyantes. ◗ Lavez les légumes. ◗ Coupez l'aubergine et le poivron en lamelles dans le sens de la longueur, taillez les courgettes en rondelles assez épaisses. ◗ Ôtez le pied des champignons. ◗ Huilez, salez et poivrez les légumes et saupoudrez d'une cuillerée d'herbes de Provence. ◗ Parsemez toutes les viandes du reste d'herbes de Provence. ◗ Installez-les avec les légumes sur une grille carrée à charnière pour les retourner facilement. ◗ Disposez la grille sur les braises. ◗ Laissez cuire 25 min en retournant souvent. Salez et poivrez. ◗ Servez sans attendre.

Légumes du Soleil Grillés

Pour 4 personnes
Préparation : 20 min
Cuisson : 10 min

Marché : ◗ 1 aubergine ◗ 2 courgettes ◗ 1 poivron jaune ◗ 8 artichauts poivrade ◗ 2 fenouils ◗ 2 tomates ◗ 2 cuillerées à soupe d'huile d'olive ◗ 3 cuillerées à soupe de thym ◗ Sel, poivre du moulin

◗ Préparez de bonnes braises rougeoyantes. ◗ Lavez et essuyez les aubergines et les courgettes. ◗ Tranchez-les dans le sens de la longueur. ◗ Taillez le poivron en larges lanières. ◗ Coupez le haut des feuilles d'artichauts, les fendre en deux. ◗ Ôtez les parties dures des fenouils, fendez-les en quartiers. ◗ Coupez les tomates en deux. ◗ Badigeonnez d'huile tous les légumes et laissez-les s'imprégner 15 min. ◗ Disposez tous les légumes sur la grille, sur les braises bien chaudes. ◗ Retournez-les souvent. ◗ Salez et poivrez. ◗ Laissez cuire 10 min, en retournant à mi-cuisson. ◗ Avant de servir, saupoudrez de thym.

Brochettes d'Été

Pour 4 personnes
Préparation : 20 min
Cuisson : 5 min

Marché : ◗ 2 brugnons ◗ 8 abricots ◗ 1 ananas ◗ 6 petites bananes pas trop mûres ◗ 1 citron jaune ◗ 2 cuillerées à soupe de sucre roux ◗ 1 cuillerée à soupe de menthe ◗ 12 brochettes en bois

◗ Préparez de belles braises rougeoyantes. ◗ Lavez les brugnons et les abricots. ◗ Coupez les abricots en deux et les brugnons en quartiers. ◗ Épluchez les bananes et l'ananas. ◗ Coupez les bananes en tronçon et l'ananas en cubes. ◗ Citronnez les bananes. ◗ Enfilez sur des brochettes brugnons, abricots, bananes et ananas en les intercalant. ◗ Huilez une double grille et déposez les brochettes, poudrez de sucre. ◗ Déposez la grille sur les braises. ◗ Faites cuire 5 min en retournant la grille et en surveillant la cuisson. ◗ Avant de servir, saupoudrez de menthe.

Oranges au Cointreau

Pour 6 personnes
Préparation : 5 min
Cuisson : 10 min

Marché : ◗ 6 belles oranges ◗ 4 cuillerées à soupe de sucre roux ◗ 1 cuillerée à soupe de cannelle ◗ 2 cuillerées à soupe de Cointreau

◗ Préparez une cendre chaude mêlée de braises dans la cheminée. ◗ Faites chauffer le gril de la cheminée.
◗ Pendant ce temps, coupez les oranges en deux.
◗ Détachez chaque demi-fruit de la peau, en le laissant en place à l'aide d'un couteau-scie.
◗ Saupoudrez de sucre et de cannelle. ◗ Arrosez de Cointreau. ◗ Faites cuire les oranges sur le gril chaud huilé pendant 10 min et retournez-les régulièrement.
◗ Laissez tiédir avant de déguster.

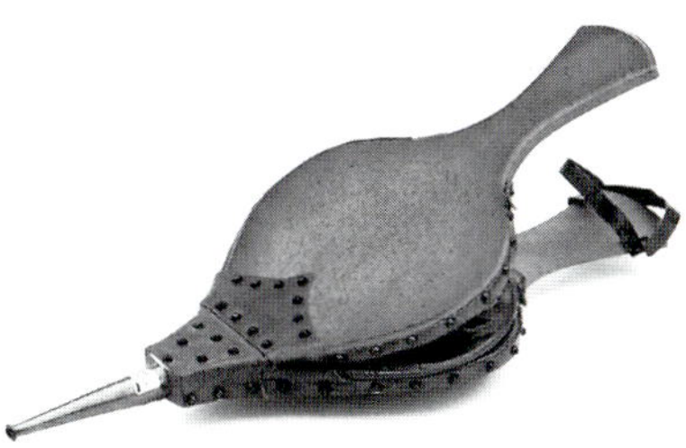

Sur l'écran de nos braises

Le retour de la cuisine au feu de bois, contemporain de nos désirs de produits authentiques, de plantes saines, de paysages protégés, de saveurs pures et riches à la fois, de fratries affectueuses, ce retour est si fort que de grands restaurants prestigieux, des grands chefs étoilés, mettent en scène une partie de leur cuisine sur fond de flammes et de braises rougeoyantes.

Ainsi, chez Michel Guérard à Eugénie-les-Bains (Landes), ou chez tel autre plus modeste comme La Croûte de Pain et du Pin, auberge de Lombez, près de Gabarret, à l'autre extrémité des Landes de Gascogne, le feu de bois est à la carte et au menu. De même chez l'excellent Jean-Pierre Xiradakis, qui tient les flammes en cheminée de sa Tupina à Bordeaux, dans une ancienne boucherie. On est accueilli là par une tranche de « ventrèche » grillée, poitrine de porc dégraissée à la braise, une grosse frite, parfait parallélépipède cuit à la poêle dans une graisse de canard frissonnante d'aise à la flamme.

Chez Guérard, dans sa Ferme aux Grives d'Eugénie-les-Bains, les grils et broches sont comme un écran de cinéma qui domine la salle du restaurant. Que Michel Guérard soit à la fois l'inventeur de la cuisine-minceur et le maître-rôtisseur d'un mur de flammes, cela peut paraître paradoxal. La cuisine dans la cheminée est couramment synonyme de riches viandes, de mijotages généreux, à l'opposé des critères des régimes amincissants tels qu'on les imagine. Mais en relançant la station thermale créée au XIXe siècle par l'impératrice Eugénie, épouse espagnole de Napoléon III, Guérard a donné vie à la fois au thermalisme alimentaire de stricte observance et au bien-manger quasiment pantagruélique de la légende gasconne et béarnaise. L'ancienne maison landaise rebâtie avec des cages à oiseaux suspendues dans le bar, rebaptisée « Ferme aux grives », voisine du potager et des fruitiers palissés, n'abrite pas une cheminée à l'ancienne. Elle propose un autre théâtre : un mur de broches et d'appareillages divers, alimentés en viandes et fagots, avec mécanismes d'horlogerie à chaînes et contrepoids qui sont des jambons au séchage ! Les clients mangent ainsi, les viandes cuisant sous leurs yeux. Les commis et le chef s'activent. On voit les fagots et les bûches arriver, les volailles et les selles d'agneau, les lapins ou les pièces de bœuf, ou de veau de Chalosse, rôtir, tourner, terminer ou commencer leur cuisson selon leur place et leur rang. Comme chez Jean-Pierre Xiradakis dans sa Tupina de Bordeaux, il s'agit d'une réhabilitation de la cuisine au feu de bois par la grande cuisine.

La cuisine minceur, comme aujourd'hui la vogue légitime des précautions diététiques, s'accommode parfaitement de grillades. Les viandes, grillées ou rôties, ont éliminé une partie de leur graisse non utile. On peut en faire l'expérience avec de simples côtes d'agneau. Poêlées, elles baigneront dans le gras, tandis que saisies à la braise, elles élimineront naturellement leur gras qui ne sera pas réutilisé en arrosant la viande. On choisira plutôt de confectionner un bouillon maigre pour arroser les viandes, de manière à ne pas les enrichir davantage.

Jean-Pierre Xiradakis, lui, est contraint par vocation à la forme physique : il est l'auteur de guides de randonnées dans les vignobles du Bordelais (Éditions Rando) qui témoignent du désir de dépense corporelle généralisée dans un paysage invitant à la dégustation également généralisée.

Rimbez, en limite du Lot-et-Garonne, des Landes et du Gers, abrite une auberge rustiquement appelée « La Croûte de pin », au cœur de la forêt, entre l'église à étage (rare) et un terrain de rugby (plus commun). Le tenancier et sa famille sont de grands spécialistes de la cuisine au feu de bois. Ils cuisent à la ficelle du gigot, des oiseaux de toutes tailles autorisées, des pintades, du poulet, etc.

On trouve de tels artistes modestes ou spectaculaires dans toutes les régions. Dans quel restaurant de sous-préfecture ai-je vu et senti, un dimanche, un gigot tournicoter au

En haut, Jean-Pierre Xiradakis, La Tupina, Bordeaux.
Ci-dessus, la famille Gabory, La Croûte de Pin à Rimbez (Landes).
À droite, Michel Guérard, La Ferme aux Grives, Eugénie-les-Bains.

bout de sa cordelette, la souris protégée par un papier alu, devant une simple cheminée ? Chaque table familiale commandait son content de tranches saignantes ou bien cuites, juteuses, parées de lingots du nord, de Paimpol ou de tarbais… ces haricots d'élite que l'on passe en revue à coup de fourchette et de langue.

Jusque sur les rives d'autoroutes, des rocades et des aires de chalandise au sortir des grandes villes, la cuisine au feu de bois ou son rêve se donne en spectacle. Plusieurs grandes chaînes de restaurants utilisent l'image de la cheminée pour attirer la clientèle. Buffalo Bill, le tireur de bisons du Far West devient Buffalo Grill, mais ne sert pas encore l'entrecôte du bison des plaines dont notre bovidé est le cousin placide. Les établissements encornés fondent leur réputation sur la viande grillée à la façon texane, abondante, généreuse et fière de l'être. D'autres chaînes de restauration, tel « Courtepaille », conçoivent leur signe architectural sur le modèle d'une maison en forme de cheminée, une sorte de hutte géante à foyer central, comme celle que les premiers Européens débarquant outre-Atlantique, ont découvert en même temps qu'un « autre monde », il y a cinq siècles révolus.

Le mur de broches et de braises de Michel Guérard, la cheminée d'accueil de Jean-Pierre Xiradakis, le gigot à la ficelle de tel inconnu des Basses-Alpes, les pintades ou le marcassin de Rimbez, la flambée d'une fête villageoise, les panneaux clinquants du Buffalo des rocades, les cheminées vraies ou fausses de nos décors urbains et périphériques, tout cela organise une représentation, donnée dans un vaste théâtre, celui de nos souvenirs, réels ou imaginaires, de nos nostalgies et de nos désirs de vérité, de liberté, de veau « sous la mère » et de nature protégée.

La cheminée où l'on cuisine à nouveau, c'est l'existence possible dans chaque maison de ce théâtre du monde, ce cadre de scène d'où l'on parle, d'où l'on raconte et imagine la vie ; c'est en même temps le lieu magique où se transforment les chairs et les plantes, les bouillons et les préparations savantes, les saveurs, les odeurs. Mélancolie et jubilation mêlées concourent à nos plaisirs.

Pour en savoir plus

Découvrez *Cheminées Magazine* ! Depuis 20 ans, ce trimestriel présente sur près de 100 pages un panorama des nouveaux modèles et accessoires. Cheminées mais aussi poêles, foyers fermés et récupérateurs de chaleurs sont ainsi passés en revue au travers de dossiers et de fiches techniques. Vous découvrirez aussi les plus belles cheminées de France. *Cheminées Magazine*, c'est une véritable encyclopédie de la cheminée, disponible en maisons de la presse.

Remerciements

Pour leur aide et leur soutien tout au long de la réalisation de ce livre
Cheminée Magazine, Caroline Darbonne, la famille Gabory, la famille Gréciet et ses amis,
Michel Guérard, Monsieur Gilbert Richard, la société SUPRA/Richard Le Droff,
Alain et Olivier de Tilière, Jean-Pierre Xiradakis.
Et tout particulièrement Patrice Shuber.

Crédits photos

J. D Sudres/Diaf : p. 7. M. Marenthier/Hoa-Qui : p. 8. Z. Bauer/Hoa-Qui : p. 10, 52.
J. C. Gérard/Diaf : p. 11. N. Clements/Pix : p. 12. N. Géographic/Stock : p. 23.
Grahame/Hoa-Qui : pp. 24, 39. P. Jantet/ Hoa-Qui : p. 28. Manaud/ Hoa-Qui : pp. 28, 29.
C. Valentin/ Hoa-Qui : pp. 39, 79 à 89. Marie/Stock : p. 42. SDP/Age : p. 43.
Gael/Diaf : p. 44. Pratt/Diaf : pp. 49, 69. Czap/Scope : pp. 57, 71. Granadam/ Hoa-Qui : p. 39.
Roy/ Hoa-Qui : p. 73.
Collection particulière *Cheminée magazine* : pp. 15, 19, 26, 32, 35.
Collection particulière Alain de Tilière : pp. 20, 22.
D. R. : pp 13, 18, 31, 37, 41, 50, 55, 56, 58, 59, 61, 62, 67, 69, 74, 90, 93.
Collection Richard Le Droff : p 12, 18, 22, 26, 27, 32, 33, 34. Guy Charneau : p. 92.

Mise en pages : Paul-Raymond Cohen
Impression réalisée chez Mame

Pour le compte des Presses du Management en septembre 2000

Imprimé en France
Dépôt légal : octobre 2000
N° d'impression
ISBN : 2-87845-475-8
50-1862-7